A psicologia na vida religiosa e sacerdotal

Ivan Rodrigues e Silva Filho

A psicologia na vida religiosa e sacerdotal
Por uma formação humana de qualidade

Edições Loyola

Dados Internacionais de Catalogação na Publicação (CIP)
(Câmara Brasileira do Livro, SP, Brasil)

Silva Filho, Ivan Rodrigues e
    A psicologia na vida religiosa e sacerdotal : por uma formação humana de qualidade / Ivan Rodrigues e Silva Filho. -- 1. ed. -- São Paulo : Edições Loyola, 2023.

    ISBN 978-65-5504-270-2

    1. Formação humana 2. Igreja Católica 3. Psicologia 4. Sacerdotes - Conduta de vida 5. Sacerdotes - Vida religiosa I. Título.

23-155677   CDD-248.892

Índices para catálogo sistemático:
1. Sacerdotes : Guias de vida cristã : Cristianismo   248.892

Aline Graziele Benitez - Bibliotecária - CRB-1/3129

Preparação: Ellen Barros
Capa e diagramação: Viviane Bueno Jeronimo
Composição da capa a partir da foto de
© WavebreakmediaMicro | Adobe Stock e
da letra grega *psi* (Ψ), símbolo da psicologia.

Edições Loyola Jesuítas
Rua 1822 nº 341 – Ipiranga
04216-000 São Paulo, SP
T 55 11 3385 8500/8501, 2063 4275
editorial@loyola.com.br
vendas@loyola.com.br
www.loyola.com.br

Todos os direitos reservados. Nenhuma parte desta obra pode ser reproduzida ou transmitida por qualquer forma e/ou quaisquer meios (eletrônico ou mecânico, incluindo fotocópia e gravação) ou arquivada em qualquer sistema ou banco de dados sem permissão escrita da Editora.

ISBN 978-65-5504-270-2

© EDIÇÕES LOYOLA, São Paulo, Brasil, 2023

Dedico com muito amor este trabalho a meus pais, meus irmãos, meus sogros, minha esposa Milena e meus filhos, Iana, Marina e Levi, que acreditaram nesta jornada e a incentivaram desde sempre.

Agradecimentos

A expressão mais usual em nossa língua para gratidão é "obrigado", cujo sentido latino é ligar, amarrar, o que promove a feliz ideia de comunhão entre o agraciado e o promotor da graça. Pois é assim que me sinto em relação a Deus, a quem primeiro quero agradecer, fico-Lhe ligado por mais este presente ao me inspirar para esta nova conquista.

Obrigado aos meus pais, Ivan e Socorro, pelo dom da vida e pela dedicação em me favorecer as condições fundamentais para minha formação acadêmica e profissional. A eles meu eterno reconhecimento e amor.

Minha gratidão a Milena, minha esposa, pela força sempre presente em me direcionar ao desafio deste livro, sempre me incentivando e apoiando, experimentando comigo esta experiência de conquista.

Agradeço aos meus filhos Iana, Marina e Levi, que me inspiram e são sempre fonte de minha vontade em lhes proporcionar a melhor referência de pai e de guerreiro, referência de quem nos estudos contempla a melhor via para as vitórias.

Meu obrigado aos meus sogros, Roberto e Lúcia, também meus pais, que me incentivaram nesta jornada como sempre me apoiam nas minhas empreitadas.

Quero registrar ainda minha gratidão à Igreja Católica, que me acolheu através da experiência de vida como membro da Companhia de Jesus, na qual aprendi muito e onde descobri a possibilidade de aliança entre a psicologia e a vida religiosa. Agradeço, em particular, a cada diocese e comunidade religiosa nas quais atuei e com as quais ainda colaboro atualmente, em especial aos jesuítas e à arquidiocese de Fortaleza, que tanto acredita na minha pessoa e no meu trabalho.

Gratidão muito especial a todos os formandos e formadores que, com marcante gentileza e disponibilidade, conceberam conteúdos preciosos participando da pesquisa deste trabalho.

Agradeço, por fim, à professora e psicóloga Mariana Vieira Crespo, que orientou meu trabalho de mestrado, do qual originou esta obra.

A todos, meus sinceros reconhecimento e gratidão!

Sumário

Prefácio 15
Abreviações e siglas 17
Introdução 19

CAPÍTULO 1
A formação humana dos futuros padres e religiosos nos documentos da Igreja 27

    1.1. As diretrizes oficiais e atuais sobre a importância da formação humana dos futuros padres e religiosos segundo o Vaticano e a Conferência Nacional dos Bispos do Brasil (CNBB) 30

        1.1.1. Exortação apostólica pós-sinodal sobre a formação dos sacerdotes: *Pastores Dabo Vobis* de João Paulo II 34

        1.1.2. Diretrizes básicas da formação dos presbíteros da Igreja no Brasil – Documento 55 da Conferência Nacional dos Bispos do Brasil (CNBB) 38

        1.1.3. O dom da vocação presbiteral – *Ratio Fundamentalis Institutionis Sacerdotalis*, do papa Francisco 46

        1.1.4. Diretrizes para a formação dos presbíteros da Igreja no Brasil – Documento 110 da Conferência Nacional dos Bispos do Brasil (CNBB) 51

CAPÍTULO 2
O psicólogo no trabalho de formação humana junto às instituições religiosas 57

2.1. O psicólogo utilizando cursos e palestras no trabalho de formação humana pela perspectiva educacional 70

2.2. O espaço e serviço da Psicologia Clínica na atividade diagnóstica da Avaliação Psicológica 76

2.3. O encaminhamento para psicoterapia 92

2.4. Espiritualidade e Religiosidade – diferenças e aproximações 108

CAPÍTULO 3
A formação dos formadores 113

3.1. A seleção e formação dos formadores para o trabalho de acompanhamento dos formandos 118

3.2. As iniciativas existentes de suporte psicológico aos que lidam com a formação na Igreja no Brasil 126

CAPÍTULO 4
O alcance da psicologia nas casas de formação promovendo impactos no social e na formação dos psicólogos 135

4.1. A formação voltada para as dimensões da sociabilidade e da maturidade sexual que impactam as inter-relações nas comunidades eclesiais e em outros meios sociais que absorvem as atuações dos formandos 140

4.2. A possibilidade de impactar o meio acadêmico para que haja investimento na formação dos futuros psicólogos para esta área de atuação 149

CAPÍTULO 5
Marco empírico – um trabalho de pesquisa entre formandos e formadores para certificar sobre o impacto da psicologia nos institutos de formação religiosa 157

5.1. Os resultados da pesquisa de campo 160

5.2. Discussão dos resultados da pesquisa 178

Conclusões 195

Referências 205

ÍNDICE DE FIGURAS (Gráficos)

Resultados da pesquisa com os formadores

Gráfico 1
Identificação: instituições às quais pertencem os formadores 161

Gráfico 2
Identificação: tempo de atuação na formação 162

Gráfico 3
Identificação: idade dos formadores 163

Gráfico 4
Identificação: grau de instrução dos formadores 164

Gráfico 5
Identificação: cursos superiores completos 164

Gráfico 6
Impacto do profissional de psicologia no processo formativo 165

Gráfico 7
Forma pela qual o psicólogo pode atuar nos institutos de formação 166

Gráfico 8
Quanto à relação dos formadores com o serviço
de psicologia: tipo de serviço já utilizado no trabalho
como formador(a)..167

Gráfico 9
Quanto à relação dos formadores com o serviço
de psicologia: caso tenha utilizado um ou mais
dos serviços acima citados, indicar o de maior impacto
positivo no trabalho...167

Gráfico 10
Grau de importância que o serviço de psicologia teve
ou está tendo na missão como responsável pela formação...... 168

Gráfico 11
Caso tenha utilizado os serviços citados no trabalho,
indicar o grau de satisfação 169

Gráfico 12
Suporte psicológico necessário para oferecer na formação
e que gostaria de ter atualmente na sua instituição 169

Gráfico 13
Serviço que gostaria de usufruir para si mesmo(a)
como apoio no seu trabalho... 170

Resultados da pesquisa com os formandos

Gráfico 1
Identificação: instituições às quais pertencem
os formandos.. 171

Gráfico 2
Identificação: tempo em formação..172

Gráfico 3
Identificação: idade dos formandos...172

Gráfico 4
Identificação: grau de instrução dos formandos......................173

Gráfico 5
Impacto do profissional de psicologia no
processo formativo 174

Gráfico 6
Forma pela qual o psicólogo pode atuar nos institutos
de formação 175

Gráfico 7
Quanto à relação dos formandos com o serviço
de psicologia: tipo de serviço já usufruído 176

Gráfico 8
Quanto à relação dos formandos com o serviço de psicologia:
caso tenha utilizado um ou mais dos serviços acima citados,
indicar o de maior impacto positivo na sua experiência 176

Gráfico 9
Grau de importância que o serviço de psicologia teve
ou está tendo em sua formação 177

Gráfico 10
Caso tenha utilizado os serviços acima citados no trabalho,
indicar o grau de satisfação 177

Gráfico 11
Suporte psicológico necessário e que gostaria de
ter atualmente 178

Prefácio

Caro leitor,
 Eu poderia dizer que este livro é resultado de uma dissertação de mestrado, todavia, asseguro-lhe que decorre de uma vivência maturada em toda uma trajetória de vida que reuniu caminhos trilhados pelo autor. A experiência viva de ter sido jesuíta por seis anos, de ter enveredado pela graduação em Psicologia e o interesse visceral pela dimensão da espiritualidade foram se entrelaçando. O trabalho psicológico que realiza com formadores e formandos de institutos religiosos e diocesanos desaguou em estudo e pesquisa que ratificam o quanto o conhecimento de si mesmo é caminho para o conhecimento do Sagrado. A ampliação da intimidade com o mundo interior e a inteireza no vivido conduz

à fonte da vida. Nesse sentido, o instrumental da Psicologia se torna fundamental, seja no trabalho de formação humana dos formandos e formadores, seja na atividade diagnóstica da avaliação psicológica, assim como nas indicações de processos psicoterápicos, estando, desse modo, endossada a convicção da sua importância na jornada formativa, contribuindo para o desenvolvimento da maturação psíquica.

O impacto extrapola o espaço das casas de formação e alcança as comunidades eclesiais e os meios sociais de atuação dos formandos. Assim, faz-se mister o investimento na formação de futuros psicólogos para essa área de atuação.

Por essas razões, entre outras que são reveladas no conteúdo claro e didático deste livro, o convite ao mergulho na leitura da obra está feito.

Milena Sampaio Castelo
Psiquiatra
Doutora em Ciências Médicas

Abreviações e siglas

CEPs	Comitês de Ética em Pesquisa
CFP	Conselho Federal de Psicologia
CNBB	Conferência Nacional dos Bispos do Brasil
CONEP	Comissão Nacional de Ética em Pesquisa
CRB	Conferência dos Religiosos do Brasil
DES	*Diretrizes sobre a preparação dos educadores nos seminários*
DMVP	*Diretório para o Ministério e a Vida dos Presbíteros*
Doc. 55	*Diretrizes básicas da Formação dos Presbíteros da Igreja no Brasil*, 1995

Doc. 93	*Diretrizes para a formação dos presbíteros da Igreja no Brasil, 2010*
Doc. 110	*Diretrizes para a formação dos presbíteros da Igreja no Brasil, 2018*
EG	Exortação Apostólica *Evangelii Gaudium*
ENF	Escola Nacional de Formadores Jesus Bom Pastor
ESTEF	Escola Superior de Teologia e Espiritualidade Franciscana
Or	*Orientações para a utilização das competências psicológicas na admissão e na formação dos candidatos ao sacerdócio*
OrFIR	Orientações sobre a formação nos institutos religiosos
OSIB	Organização dos Seminários e Institutos do Brasil
PDV	Exortação Pós-Sinodal *Pastores Dabo Vobis*
RFIS	*Ratio Fundamentalis Institutionis Sacerdotalis – O dom da vocação presbiteral*
SH	*Sexualidade humana: verdade e significado. Orientações educativas em família.*
TCLE	Termo de Consentimento Livre e Esclarecido
VC	Exortação apostólica pós-sinodal chamada *Vita Consecrata*

Introdução

A ideia central para o desenvolvimento deste trabalho é o estudo, a pesquisa e aprofundamento sobre a utilização da psicologia no trabalho de aconselhamento, assessoria, consulta e suporte, direcionado aos que se encontram no processo de formação para se tornarem padres, religiosos e religiosas; assim como para os que são responsáveis pelo trabalho de formação no âmbito das instituições formativas da Igreja Católica. A intenção é assegurar o conhecimento sobre como o profissional de psicologia pode contribuir para o trabalho de formação e ajustamento psicológico dos formandos, assim como dos formadores envolvidos nesse processo. Assim sendo, fica delineado o objetivo principal desta obra, que é analisar o impacto da psicologia e da atuação do psicólogo em relação ao suporte no trabalho de formação humana nas instituições da Igreja Católica no Brasil que preparam jovens para se tornarem religiosos (irmãos e irmãs) e sacerdotes.

Para melhor visualizar a consecução deste objetivo, o trabalho é aportado nos objetivos específicos a serem atingidos, descritos a seguir. O primeiro é o de identificar o posicionamento oficial da Igreja Católica em defesa do trabalho de formação humana e do uso da ciência da psicologia como suporte nos institutos formativos religiosos. Um outro objetivo específico é, a partir do ângulo da psicologia, argumentar sobre a intervenção desta ciência no trabalho de desenvolvimento humano nas casas de formação para a vida religiosa e nos seminários diocesanos. Um outro propósito deste estudo é fundamentar a viabilidade do espaço e serviço da psicologia clínica, na oferta da avaliação psicológica e da psicoterapia às instituições formativas. Também se busca apresentar a psicologia como disciplina adequada nesse processo de formação, pelo viés educativo, com aulas dentro da realidade acadêmica, cursos, conferências e demais mecanismos possíveis para transferência de conhecimento. Outro ponto importante é comprovar a possibilidade de assessoria psicológica aos formadores, responsáveis pelo trabalho formativo, tanto com capacitação teórica quanto com consultoria. Destaca-se também o objetivo de identificar a realidade das instituições religiosas da Igreja Católica no Brasil, no que se refere às propostas, ações, acertos e dificuldades para o trabalho de formação dos religiosos e padres. E, por fim, procura-se destacar os impactos positivos, com a contribuição da psicologia, nas comunidades que absorvem os serviços pastorais dos que estão em formação, assim como a intervenção nos espaços acadêmicos para que haja o questionamento sobre abranger a formação de futuros psicólogos e psicólogas para esta e outras áreas afins de atuação psicossocial.

Este estudo pretende colaborar com a resolução de três questões práticas existentes neste contexto da formação de lideranças religiosas. A primeira questão é a de reforçar a atenção para o favorecimento de um discernimento mais assertivo no período inicial da escolha vocacional, a fim de que possa ser proporcionado mais este instrumento aos candidatos ao serviço religioso, que é o uso da psicologia em função de uma escolha condizente com a realização pessoal. A segunda questão está intimamente ligada à resolução do problema anterior, ou seja, quanto mais a Igreja tiver os seus membros adequados à própria opção de vida, preparados e realizados, mais ela terá um serviço de maior qualidade e de resultados mais satisfatórios nas comunidades receptoras dessas vocações. Por fim, a terceira questão que se pode ajudar a resolver é a divulgação deste projeto numa via que possa promover a sensibilização para que mais profissionais da psicologia possam se preparar com o intuito de disponibilizar o seu serviço com qualidade a este campo específico, já que não são muitos os profissionais que atuam nesta área. Nesse sentido, cabe aqui uma preocupação que será contemplada neste trabalho, através de uma reflexão crítica, que é a necessidade de maior investimento nos programas curriculares das escolas de psicologia em conteúdos relacionados a psicologia da experiência religiosa, psicologia da vocação à vida religiosa e laical, psicologia da espiritualidade, psicologia da orientação espiritual, psicologia pastoral, entre outros temas pertinentes a esse campo de atuação. Assim sendo, este trabalho pode favorecer a ampliação do alcance da ciência da psicologia para o espaço social das instituições formativas religiosas.

No decorrer da minha experiência profissional como psicólogo, atuando nesta área junto a instituições de formação há 33 anos, foi possível conhecer muitas iniciativas com profissionais da psicologia e de outras áreas trabalhando com esses públicos. Entretanto, em pesquisas realizadas anteriormente para o suporte deste trabalho, e até atualmente, para levantamento bibliográfico que proporcionasse fontes para confecção deste projeto, não têm sido encontradas tantas iniciativas de estudo que tenham sido divulgadas.

As referências bibliográficas utilizadas nesta publicação tratam de soluções específicas, tais como o atendimento em psicoterapia a seminaristas, em trabalhos como os de Aletti (2008), Pinto (2013), Barbosa (2008); o estudo sobre o discernimento vocacional em autores como Rodrigues (2020), Bolfe (2020) e Chagas, Rabelo e Rabelo (2015); a cooperação entre psicólogos e formadores, em contribuições de Frezzato (2018), Pereira e Reinoso (2017), Prada Ramirez (2013) e Pinto (2016); as diferenças e semelhanças entre direção espiritual e atendimento psicológico, nos trabalhos de Massih (2014) e Francileudo (2021); abordagens sobre a Psicologia da Religião em Jung (2011) e Valle (1998); pesquisas de campo sobre a formação nos institutos formativos católicos em Barbosa (2008), Prada Ramirez (2013), Souza Neto (2015) e Rossi (2011). São contribuições importantes, que colaboraram na proposição de conceber a atuação da psicologia de forma integrada e mais ampliada nos ambientes psicossociais, como os das instituições de formação religiosa. Esta é a ideia central e mais significativa desta obra: a promoção da psicologia e do profissional psicólogo para além de espaços já consagrados de atuação, expandindo a forma de intervenção, trazendo para perto da profissão, além da perspectiva clínica com o psicodiagnóstico e a psicoterapia, as possibilidades do serviço educativo com formação e consultoria às instituições formativas.

No cerne deste trabalho está a convicção de assegurar a ciência da psicologia como uma disciplina, com todos os potenciais positivos, para se colocar a serviço da formação para a vida religiosa e sacerdotal, a partir da perspectiva de compreensão e acolhimento da experiência religiosa na qual se sustenta a experiência vocacional. Santos (2020) afirma que, para Jung, na obra *Psicologia da religião ocidental e oriental* (1988), a experiência religiosa está ligada a um processo de autorrealização, a uma vivência da consciência de si mesmo que viabiliza a realização da pessoa, contribuindo, assim, para o crescimento humano, similar ao que ocorre com a experiência da terapia. Em sua concepção teórica, Jung aponta igualmente para a psicoterapia e para a direção espiritual como práticas que promovem a individuação, que é o processo através do qual a pessoa alcança a integração, com capacidade de ser autônoma e independente.

O desenvolvimento dos conteúdos a serem apresentados neste livro é conduzido por cinco perspectivas distribuídas em cada um dos cinco capítulos.

A primeira perspectiva é a fundamentação teórica sobre a importância das orientações oficiais da Igreja Católica, tanto mundial quanto nacional, referentes ao necessário enfoque da dimensão humana no trabalho de formação dos futuros padres e religiosos. É disso que trata o primeiro capítulo, "A formação humana dos futuros padres e religiosos nos documentos da Igreja", que tem como objeto a compreensão do destaque dispensado pela Igreja aos institutos formativos, a fim de que incluam o trabalho da formação humana no trajeto da educação para o sacerdócio e para a vida religiosa consagrada. Os documentos utilizados para tal estudo são, em ordem cronológica de publicação: a exortação pós-sinodal *Pastores Dabo Vobis*, de 1992, do papa João Paulo II; o Documento 55 da Conferência Nacional dos Bispos do Brasil (CNBB) denominado *Diretrizes básicas da Formação dos Presbíteros da Igreja no Brasil*, lançado em 1995; o documento da Congregação para o Clero intitulado *Ratio Fundamentalis Institutionis Sacerdotalis – O dom da vocação presbiteral*, de 2016, oficializado já sob o pontificado do papa Francisco; e o quarto documento é o Documento 110 da CNBB, de 2018, chamado *Diretrizes para a formação dos presbíteros da Igreja no Brasil*.

No segundo capítulo, intitulado "O psicólogo no trabalho de formação humana junto às instituições religiosas", reside a base central e motivadora para a realização deste trabalho, pois é nele que serão desenvolvidas as ideias que buscam sedimentar a atuação do profissional da psicologia junto às casas de formação. A partir da própria visão da Igreja, apresentada no capítulo anterior, sobre o quão necessário é o trabalho da formação humana no acompanhamento vocacional. O conteúdo deste capítulo aponta de forma mais segura e assertiva para o profissional da psicologia e para a tarefa de ajudar a atender esta demanda de suporte no desenvolvimento humano. O psicólogo é o especialista no conhecimento do comportamento e que detém as técnicas apropriadas para condução do autoconhecimento, resgate, fortalecimento e ajustamento para bem lidar com a história pessoal dos formandos, com as situações vigentes e futuras que comprometam a opção por uma vida saudável. Na prática já constatada hoje nas casas de formação, o profissional da psicologia é requisitado para intervenções em três campos específicos, que são contemplados em três partes deste capítulo: uma é a ação profissional na perspectiva educacional por meio de aulas, cursos e palestras com temas associados ao universo do desenvolvimento humano; e as outras duas intervenções se alojam na área da psicologia clínica, com o serviço de avaliação psicológica como ferramenta para a admissão dos candidatos e demandas de diagnósticos no decorrer do período formativo e a tarefa clínica da psicoterapia.

Ainda neste segundo capítulo, é proposto o esclarecimento necessário entre a espiritualidade e religiosidade, com suas aproximações e diferenças, como realidades presentes no processo formativo das casas de formação. Espiritualidade e religiosidade são temas próximos, mas indicam fenômenos diferentes, pois se a espiritualidade é parte da realidade inseparável do ser humano, a religiosidade não o é, uma vez que há pessoas "arreligiosas", mas não é possível uma pessoa não espiritual. Se a espiritualidade é parte integrante da personalidade, a religiosidade é parte auxiliar, embora fundamental para a maioria das pessoas, especialmente, mas não unicamente, por ser valioso meio de inserção comunitária e cultural.

No terceiro capítulo, "A formação dos formadores", o enfoque é voltado para as necessidades e possibilidades de suporte psicológico àqueles que são responsáveis pela condução do processo formativo. A discussão central sobre esta demanda é a de assinalar a psicologia como uma disciplina parceira para ajudar na tarefa de capacitação daqueles destinados ao trabalho da formação, através dos seus instrumentais psicológicos próprios. O suporte psicológico pode acontecer por meio da capacitação teórica, proporcionando estudos de conteúdos relativos ao desenvolvimento humano, assim como por meio de consultoria nas discussões de casos e situações factuais com demandas de orientações, decisões e encaminhamentos. Dentro desse conteúdo, a psicoterapia pode ser configurada como uma ferramenta importante para os formadores neste processo formativo, como um auxílio ao fortalecimento psíquico individual com o intuito de manusear positivamente as suas questões pessoais e, assim, funcionar melhor no trabalho do educador.

Ainda neste capítulo, é alvo de reflexão tão importante quanto a preparação dos formadores a maneira como é realizada a seleção dos padres, religiosas e religiosos convocados para a missão. É indispensável uma proposta bem sedimentada para a realização do trabalho de formação dos formadores, entretanto, de nada adianta uma boa proposição se, anterior a esta preparação, não houver uma seleção com critérios bem estudados e estabelecidos para a definição do patrimônio humano que irá assumir essa tarefa. Por fim, o capítulo aborda as descrições das carências em relação à formação dos formadores e as oportunidades de saná-las com as experiências positivas existentes na realidade atual na Igreja brasileira, em especial as ofertas apresentadas pela Conferência do Religiosos do Brasil (CRB) e pela CNBB.

O título do quarto capítulo do livro é "O alcance da psicologia nas casas de formação a promover impactos no social e na formação dos psicólogos". O capítulo resume um dos destinos importantes deste trabalho: sublinhar a importância do alcance da psicologia em relação ao serviço da realidade psicossocial dos seminários diocesanos e das casas de formação para a vida consagrada. A formação consistente da dimensão humana do jovem que se prepara para se colocar à disposição das comunidades eclesiais e de outros meios sociais é condição primordial favorecida pelos instrumentos da psicologia para garantir homens e mulheres conscientes; seguros para lidar consigo, com suas relações dentro da instituição religiosa, fora dela e no devido cumprimento da missão comungada com a Igreja. Tais impactos, causados positivamente nas realidades sociais que absorvem o trabalho dos jovens em formação, também surtem efeito na própria realização pessoal do formando em sua opção vocacional assumida.

Ainda inseridos no conteúdo deste capítulo, como enfoque importante na preparação bem estruturada da dimensão humana, destacam-se os estudos mais específicos ligados à sexualidade e aos relacionamentos interpessoais, que precisam estar de forma permanente na agenda formativa das casas de formação, exigindo das dioceses e congregações uma equipe formativa bem montada, além da intervenção profissional da psicologia para melhor tratar esses temas. A ideia central desses assuntos, associados aos impactos nos meios de atuação dos formandos, é compreendida na medida em que existe a clareza de que a missão realizada ocorre nos contatos interpessoais, que demandam maturidade para o saudável intercâmbio, tanto na perspectiva de lidar com a conduta de liderança quanto de serviço e vivências afetivas de amizade. A desejada integração afetivo-sexual interna de cada formando resguarda a esperada integração nas suas experiências afetivas sociais.

Como desfecho do quarto capítulo, apresenta-se uma reflexão a partir de um dos alvos desta obra, que é a possibilidade de impactar o meio acadêmico da psicologia para que haja investimento na formação de futuros psicólogos direcionados a esta área de atuação junto aos institutos formativos e outros similares que lidam com realidades psicossociais.

No quinto e último capítulo, "Marco empírico – um trabalho de pesquisa entre formandos e formadores para certificar sobre o impacto da psicologia nos institutos de formação religiosa", registro a importante valia do trabalho com a pesquisa de campo realizada, que reuniu 122 formandos que se preparavam para a vida religiosa e sacerdotal e 28 formadores de várias instituições formativas no Brasil, totalizando um público de 150 pessoas envolvidas. Os resultados colhidos, analisados e discutidos serviram de confirmação para as questões levantadas neste estudo, assim como de respaldo aos objetivos postos e alcançados. As interpretações conclusivas da pesquisa, alimentadas pelos números coletados, demonstram a importância da psicologia no processo formativo dentro dos institutos que preparam os futuros sacerdotes e religiosos na Igreja Católica.

Para finalizar estas linhas introdutórias, reproduzo um trecho do artigo de minha autoria, publicado na revista *Itaici*, em 2020, com o título "Acompanhar os jovens na criação de um futuro promissor", no qual afirmo que

> o caminho em direção à realização pessoal e vocacional pressupõe o contínuo exercício de conhecimento sobre si mesmo, da própria história, passada e presente, e da capacidade de acolhimento da sua pessoa e da sua história, bem como das dificuldades que são comuns a toda pessoa em desenvolvimento. Rejeitar este olhar intrapsíquico é rejeitar a possibilidade de se possuir sempre mais e saber com mais segurança as melhores decisões para si.

CAPÍTULO 1

A formação humana dos futuros padres e religiosos nos documentos da Igreja

> O papa Francisco os exortou a não se distanciarem de sua humanidade, a não deixarem "fora da porta do Seminário a complexidade de seu mundo interior, seus sentimentos e afetividade". "Não se fechem quando viverem um momento de crise ou fraqueza. Abram-se com toda sinceridade a seus formadores, lutando contra toda forma de falsidade interior. Cultivem relações limpas, alegres e libertadoras".
> (Boletim do *Vatican News* sobre as palavras do Papa Francisco em audiência, no dia 10 de junho de 2021, na Sala Clementina, no Vaticano, para formadores da Comunidade do Pontifício Seminário Regional Marchigiano Pio XI de Ancona)

O objetivo deste capítulo é promover uma contextualização da realidade atual sobre como é tratada a formação humana dos candidatos ao sacerdócio e à vida religiosa. Para tanto, é utilizado o levantamento de aspectos importantes do posicionamento oficial da Igreja Católica por intermédio das publicações do Vaticano e dos documentos da Igreja no Brasil.

Dentre outras publicações, quatro merecem destaque pela força de orientação para Igreja no mundo e no Brasil, ademais de serem assinadas pelo Vaticano e pela CNBB, as duas instituições mais representativas às instituições católicas nacionais. Outra importância desses documentos é a de situarem, sob o olhar oficial da Igreja, o pensamento atual sobre a importância da formação humana dos religiosos e padres nas instituições formativas da Igreja Católica no Brasil – interesse central no desenvolvimento deste capítulo.

Os documentos supracitados são, conforme já mencionado, a exortação *Pastores Dabo Vobis* (*Eu vos darei pastores*); o Documento 55 da CNBB, (*Diretrizes básicas da formação dos presbíteros da Igreja no Brasil*); a *Ratio Fundamentalis Institutionis Sacerdotalis* (*O dom da vocação presbiteral*); e o Documento 110 da CNBB. São destacados aspectos importantes destes documentos que apontam para a necessidade de abordar o desenvolvimento humano no processo formativo dos candidatos ao presbiterado, repercutindo também na formação para a vida religiosa.

Cabe, nesta introdução do capítulo, um breve recorte didático sobre a diferença entre formandos para o sacerdócio diocesano e para a vida religiosa, no intuito de facilitar a compreensão terminológica das realidades da formação dos seminários, que preparam os futuros padres, e das casas de formação das instituições que preparam para a vida religiosa. A Igreja Católica, no mundo inteiro, é organizada por dioceses, sendo cada uma responsável pela formação dos futuros sacerdotes, denominados diocesanos ou seculares. Esses sacerdotes devem obediência ao bispo local e este diretamente ao papa. Dentro da mesma Igreja, também sob o comando legal do Vaticano, existem as congregações religiosas que formam irmãos, irmãs e padres consagrados, com modos próprios em relação à vivência da espiritualidade e sob inspiração de um fundador, como a ordem dos franciscanos fundada por São Francisco; os jesuítas, por Santo Inácio de Loyola; os beneditinos, por São Bento, entre tantas outras existentes. Os membros desses grupos são chamados de monges ou monjas, freis ou freiras, irmãs ou irmãos, ou, no caso dos ordenados, de padres religiosos, e, mesmo que tenham um programa próprio de formação, eles estão em sintonia com as orientações das dioceses, bem como das Conferências Episcopais Nacionais e do Vaticano. Agora fica claro quando, neste trabalho, houver referências a seminaristas diocesanos estamos nos referindo à formandos para o presbitério e quando falamos de formandos para vida religiosa, nos referimos àqueles que são pertencem a ordens e congregações religiosas.

Vale salientar a importância de iniciar este livro com as posições oficiais da Igreja Católica, para que seja defendida a ideia primordial da necessidade de considerar a dimensão humana no processo formativo dos futuros padres e religiosos consagrados, bem como a parceria com os profissionais da psicologia para dispensarem suportes técnicos às instituições que lidam com tal missão. Trata-se da necessária garantia de que, para além de ser mais uma opinião sobre o assunto, são diretrizes oficiais da Igreja de Roma, comungadas pela Igreja presente em território nacional. Subsequente a essas referências em forma de diretrizes, é possível constatar o modo de proceder das casas de formação no Brasil, assegurando, em suas programações internas, os temas associados ao desenvolvimento humano com profissionais especialistas da psicologia na formação dos próprios integrantes da equipe de formação, nas direções espirituais e em outras instâncias existentes na rotina educacional das instituições. Esta concepção se encontra muito bem colocada no texto das *Orientações para a utilização das competências psicológicas na admissão e na formação dos candidatos ao sacerdócio* (Or), documento datado de 2008 e produzido pela Congregação para a Educação Católica. Esse documento foi aprovado pelo papa Bento XVI e, em sua parte III, trata do "Contributo da psicologia para o discernimento e a formação". O texto afirma que, além do serviço de avaliação psicológica e terapia, o psicólogo pode também "dar um contributo no apoio para o desenvolvimento das qualidades humanas, sobretudo requeridas pelo exercício do ministério, sugerindo itinerários aptos para favorecer uma resposta vocacional mais livre" (Or, n. 5). O texto ainda faz questão de assegurar o trabalho da psicologia na formação quando descreve que "o recurso a especialistas nas ciências psicológicas deverá ser regulado nos diversos países pelas respectivas *Rationes Institutionis Sacerdotalis* em cada Seminário pelo Ordinário ou Superior Maior competente [...]" (Or, n. 7).

1.1. As diretrizes oficiais e atuais sobre a importância da formação humana dos futuros padres e religiosos segundo o Vaticano e a Conferência Nacional dos Bispos do Brasil (CNBB)

A atenção às condições humanas para o serviço da comunidade sempre esteve presente desde o início da história das primeiras comunidades cristãs até os dias de hoje. Uma referência conhecida é a orientação do discípulo Paulo para Tito, seu companheiro de confiança, num trecho da carta a ele endereçada e que hoje compõe o Novo Testamento. Nesse texto Tito é orientado para a missão na cidade de Creta junto aos presbíteros. Paulo argumenta que pediu para que ele, Tito, permanecesse em Creta, a fim garantir que cada presbítero e bispo escolhido fosse irrepreensível, correto moralmente, sem acusação de libertinagem, que não fosse orgulhoso, nem briguento, nem violento, nem ávido por lucro desonesto. O escolhido deveria ser hospitaleiro, amigo do bem, sensato, justo, com domínio próprio e apegado fielmente à mensagem da forma como foi ensinada (cf. Tt 1,5-9). Desde cedo, na gênese dos primeiros grupos cristãos, as lideranças já tinham a noção clara de que o exercício missionário de consagração passava pela boa formação de valores humanos e pelo testemunho de uma boa conduta nas relações sociais.

Essa preocupação com a formação humana dos novos padres e religiosos sempre permaneceu na história da Igreja Católica, com variações para menores e maiores enfoques nessa dimensão, de acordo com os próprios propósitos das lideranças eclesiásticas. Houve longos períodos na Igreja em que predominou a orientação de uma formação mais voltada para a catequese e a conservação dos valores eclesiais.

Somente neste nosso período contemporâneo ocorreu um resgate mais explícito e oficial de mudança de foco no processo formativo nos institutos religiosos. Em 1962, seguindo a grande tradição conciliar da Igreja, o papa João XXIII convocou uma grande e histórica reunião com mais de dois mil participantes – entre bispos, padres, religiosos e leigos do mundo inteiro – que durou até o ano de 1965, já com o papa Paulo VI. Este evento, que marcou a história da Igreja Católica, foi o Concílio Vaticano II, instância na qual foram decididas novas posturas frente às mudanças que vinham acontecendo na humanidade, com a intenção de fazer com que a Igreja pudesse acercar-se cada vez mais do mundo atual, a fim de lidar melhor com a realidade dos seus desafios.

Entre outras transformações, a formação nos seminários diocesanos e nas casas de formação das congregações religiosas sofreu grandes reformas dirigidas à preparação de padres e religiosos com uma conduta pastoral mais inserida na realidade comum dos leigos nas comunidades para as quais eles eram formados. A partir de então, houve várias iniciativas para fazer valer as demandas de mudanças, como a criação de modelos de pequenas comunidades formativas mais próximas do povo, levando a um perfil de formação mais individualizada e valorizando a dimensão humana dos candidatos. No Concílio Vaticano II, foi sancionada uma reforma educacional dos seminários no mundo todo, permitindo a cada país organizar o próprio modelo de ensino e formação, de acordo com a realidade local. Aqui no Brasil, muitas instituições formativas permitiram que seus formandos passassem a morar em pequenas casas, além de poderem estudar ciências sociais e a terem um contato maior com as comunidades (SOUZA NETO, 2015).

Com esta abertura, começou a acontecer um maior diálogo com a ciência da psicologia devido às possibilidades de atuação dos profissionais dessa área junto às instituições de formação. Após o Concílio, passou a ocorrer o trânsito de psicólogos com trabalhos de avaliação psicológica, psicoterapia, encontros e cursos com conteúdos relacionados à maturidade, ao desenvolvimento sexual, à autoestima, às relações interpessoais, entre outros assuntos na área da formação humana entre os jovens em formação.

Como um dos sinais desta abertura e reconhecimento da Igreja na direção do necessário uso da psicologia no trabalho formativo vocacional, aponta-se para as palavras do papa João Paulo II, num trecho do seu discurso em 4 de fevereiro de 2002, por ocasião da Assembleia Plenária da Congregação para a Educação Católica:

Naturalmente o auxílio das ciências psicológicas deve ser inserido de maneira equilibrada no âmbito do itinerário vocacional, integrando-o no quadro da formação global do candidato, de maneira a salvaguardar o valor e o espaço próprios do acompanhamento espiritual. O clima de fé, unicamente no qual amadurece a resposta generosa à vocação recebida por Deus, permitirá uma correta compreensão do significado e da utilidade do recurso à psicologia, que não exclui todos os gêneros de dificuldades e de tensões, mas favorece uma tomada de consciência mais ampla e um exercício da liberdade mais desenvolto, a fim de empreender uma luta aberta e franca, com a ajuda insubstituível da graça (Discurso do santo Padre João Paulo II aos participantes na assembleia plenária da Congregação para a Educação Católica, 4 fev. 2002, n. 2).

Entretanto, se o papa sinaliza para uma abertura, aparentemente o que de fato se viu não foi propriamente uma evolução, ao contrário, após dez anos de mudanças com o Concílio Vaticano II, começou a surgir uma conduta de fechamento e retomada de orientações pré-conciliares, com o retorno da formação aos grandes centros educacionais, onde os formandos moravam e estudavam (BARBOSA, 2008). Esta tendência é observada ainda hoje em grande parte das dioceses no Brasil, mas com a presença de experiências de pequenas comunidades formativas, de maneira mais volumosa entre as congregações religiosas. Vale ressaltar uma tendência de deslocamento de dioceses de médio e pequeno porte, que se integravam aos grandes seminários de dioceses maiores, para experiências em casas menores, usufruindo apenas da formação acadêmica proporcionada por essas dioceses maiores.

O sacerdote Manoel Godoy (2006), em seu artigo intitulado "A dimensão humana do presbítero na América Latina: situação e desafios", sinaliza para o Concílio Vaticano II, referindo-se a um documento específico sobre a ordem presbiteral (o decreto conciliar *Presbyterorum Ordinis*). Ressalta também que o consagrado precisa ser um indivíduo inteiramente integrado na existência de todas as pessoas às quais ele dispõe a sua vida e missão: "Não poderiam ser ministros de Cristo, se não fossem testemunhas e dispensadores de outra vida que não a terrena, mas nem sequer poderiam servir aos homens, caso se mantivessem alheios à sua existência e condições de vida" (GODOY, 2006). A formação direcionada para inserção dos religiosos e padres no mundo tem sido cada vez mais intensificada, promovendo resultados concretos em relação às mudanças e atualizações na maneira como é vivenciado o serviço religioso às comunidades. Ainda nesse mesmo artigo, padre Manoel Godoy cita Marroncle, quando afirma em sua obra *O homem proibido: sobre a afetividade sacerdotal* que

> A sacristia e a casa paroquial foram ocupadas pelos fiéis, dentro de uma nova prática pastoral, enquanto os padres abandonaram a aura de sacralidade intocável que os reservava exclusivamente para o altar. O pastor do rebanho não caminha mais à frente, solitário comandante, mas junto do rebanho, como convém à metodologia pastoral mais moderna. O contato menos hierárquico, mais próximo e direto, cria laços mais humanos e aí, inevitavelmente, afloram os sentimentos e a afetividade (orelha).

Nesta perspectiva de humanização da investidura religiosa para o sacerdócio e para a vida religiosa, as pessoas que assumem tal vocação passam a ser homens e mulheres como os demais, "mais acessíveis e sujeitos à influência de tudo o que constitui o mundo, de sua cultura, leis e hábitos" (GODOY, 2006). Assim sendo, é gerada a demanda de uma formação comprometida com um currículo antropológico, no qual seja contemplada uma capacitação em que a vocação se realize a partir da realidade humana de cada formando e se dirija aos outros sempre levando em consideração tal realidade. Dessa forma, é facilitada a inserção e aproximação que garantem a viabilidade do serviço religioso na vivência testemunhal das relações, integrando a pessoa com a mística da oblatividade.

No mesmo artigo supracitado, o autor, voltando a citar Marroncle, chama a atenção para a ideia de que antes de assumir uma vocação sacerdotal (ou religiosa), o indivíduo precisa ser cristão e, antes de ser cristão, ser humano. Esta é uma tendência assumida pela Igreja mais objetivamente, desde o Concílio Vaticano II, que somente sobre bases sólidas humanas é que se pode construir o verdadeiro presbítero e religioso, porque estes deverão proporcionar condições de disponibilizar a inteireza de sua existência "sob o dinamismo do Espírito". "A maturidade espiritual acompanha o todo do processo de maturidade humana" (GODOY, 2006) – a realização vocacional só pode alcançar a sua plenitude na convicção de que é preciso se abrir ao saudável movimento do desenvolvimento como pessoa, no seu intercâmbio com os demais e com o transcendental.

Vale salientar que, mesmo com a quebra no avanço das mudanças do processo formativo, a partir do Concílio Vaticano II, o endosso sobre a importância do trabalho de formação humana permaneceu e se mantém até os dias atuais, referendado por diversas diretrizes da Igreja. O próprio papa Francisco, atualmente, endossa, em diversas falas e escritos, quão imprescindível é a parceria dentro da formação para a vida religiosa com os instrumentais das ciências, como na exortação apostólica *Evangelii Gaudium* (EG): "Referindo-se às ciências sociais, por exemplo, João Paulo II disse que a Igreja presta atenção às suas contribuições 'para obter indicações concretas que a ajudem no cumprimento da sua missão de Magistério'" (EG, n. 40).

Esta linha de endosso da concepção oficial da Igreja sobre a aliança entre formação humana e psicologia será demonstrada em seguida, por meio de apontamentos de trechos dos quatro documentos citados na abertura deste capítulo.

1.1.1. Exortação apostólica pós-sinodal sobre a formação dos sacerdotes: Pastores Dabo Vobis de João Paulo II

Este primeiro documento, *Pastores Dabo Vobis* (PDV) é uma exortação apostólica do papa João Paulo II, que é um tipo de publicação pela qual a Igreja transmite ensinamentos sobre um tema específico, publicada normalmente após uma grande assembleia mundial com autoridades eclesiais, padres, religiosos e leigos especialistas, chamada Sínodo. Esse documento foi escrito após o Sínodo de 1990, para atender aos questionamentos feitos sobre a formação dos novos sacerdotes e que se dirigiu a todas as dioceses com o título "Eu vos darei pastores: exortação apostólica pós-sinodal de Sua Santidade o Papa João Paulo II ao Episcopado, ao clero e aos fiéis sobre a formação dos sacerdotes nas circunstâncias atuais".

Na introdução do documento, fica evidente o objetivo de dar uma resposta "perante a crise das vocações sacerdotais" (PDV, n. 1), através do maior cuidado com a formação dos novos presbíteros e com a atenção contínua de suporte para o exercício esperado deste ministério da Igreja. Tal preocupação fica explícita nas palavras introdutórias do documento:

> Na verdade, a formação dos futuros sacerdotes, tanto diocesanos como religiosos, e o assíduo cuidado, mantido ao longo de toda a vida, em vista da sua santificação pessoal no ministério e da atualização constante no seu empenho pastoral, é considerado pela Igreja como uma das tarefas de maior delicadeza e importância para o futuro da evangelização da humanidade (PDV, n. 2).

No capítulo V desse documento, intitulado "As Dimensões da formação sacerdotal", a formação humana é apresentada como o primeiro aspecto a ser considerado no esquema formativo dos padres e religiosos, cujo próprio título de abertura, "A formação humana, fundamento de toda a formação sacerdotal", já sublinha o valor destacado para lidar com o assunto. É sintomática também a frase de abertura deste tema, quando cita o Sínodo de 1990, que motivou a confecção do documento: "Sem uma oportuna formação humana, toda a formação sacerdotal ficaria privada do seu necessário fundamento" (PDV, n. 43). Dentro de um período de escassez vocacional em várias regiões do mundo e de muitas críticas relacionadas ao descuido com a formação, o papa João Paulo II apontou claramente para o trabalho de suporte à dimensão humana dos jovens candidatos ao presbitério e à vida religiosa.

Um perfil fundamental demonstrado no texto desse documento é a ideia de uma formação em que a responsabilidade pelo processo não seja limitada à relação entre formador e candidato, mas que seja disponibilizada uma perspectiva ampliada de formação, envolvendo os professores acadêmicos e a comunidade pastoral na qual os jovens atuam, incluindo especialistas profissionais como os psicólogos. Trata-se da proposição de uma formação comunitária, sem deixar de levar em conta a responsabilidade do próprio candidato com o seu processo, como descrito no documento quando defende que o candidato ao sacerdócio tem que ser o "protagonista necessário e insubstituível na sua formação" (PDV, n. 69). Não poderá haver substituições quando se trata de assumir para si mesmo o processo formativo, pois toda jornada formativa tem que ser vivenciada como uma "autoformação".

O texto ainda ressalta a importância da formação que conduz o formando para a habilitação do bem lidar nas relações interpessoais, através de um desenvolvimento do potencial de abertura para a sociabilidade, que garanta a comunhão e o bem-estar nos convívios. É como sinaliza o documento sobre essa dimensão da formação para as boas relações: "De particular importância, se afigura a capacidade de relacionamento com os outros, elemento verdadeiramente essencial para quem é chamado a ser responsável por uma comunidade e a ser homem de comunhão" (PDV, n. 43).

Retomando o artigo já citado anteriormente, Manoel Godoy remonta à essa exortação do papa João Paulo II, que incentiva o cultivo de um conjunto de qualidades humanas indispensáveis na formatação do desenvolvimento humano daqueles que se dispõem à vida religiosa e presbiteral. Fica evidenciado quão é fundamental a boa estruturação das condições psicológicas, na garantia de sustentação para a melhor evolução possível do que se espera da realização vocacional. É como bem diz esse autor: "em uma palavra, para ser presbítero, é preciso antes ser homem realizado e integrado em todas as suas dimensões" (GODOY, 2006). Há muito tempo, em suas propostas formativas de novos presbíteros e religiosos, a Igreja fazia referência idealizada da identidade religiosa, que se associava muito mais às necessidades institucionais do que ao aprofundamento na busca da autenticidade da personalidade de cada indivíduo vocacionado. Nos últimos tempos, esse panorama ocupou com muito mais veemência a realidade "de inúmeros presbíteros, que procuravam articular sua realização pessoal às reais necessidades da Igreja" (GODOY, 2006).

Neste mesmo artigo, o autor remonta a trechos de uma entrevista da psicóloga Luisa Saffiotti (2004), consagrada especialista em educação e prevenção que trabalha com religiosos, clérigos e candidatos em formação em Maryland, nos Estados Unidos. Essa psicóloga chama a atenção sobre a importância de investir na formação humana dos que se preparam para a vida religiosa e dos que nela já estão atuando como formados, para que o serviço religioso dispensado às comunidades seja fruto de uma pessoa integrada, realizada e feliz. Ela chama a atenção para os riscos de crises pessoais na jornada vocacional com condutas paradoxais em muitos desses consagrados, variando, nas palavras dela, em entrevista publicada na revista *Il Regno*, de "formas diversas de isolamento face às relações, de fechamento sobre si mesmos, uma forma de autismo espiritual e pessoal pela qual a pessoa se subtrai às relações e aos contatos que poderiam ser um núcleo de apoio, as amizades familiares e do ministério" (SAFFIOTTI, 2004). De maneira contrária, também são identificados muitos casos com a tendência de comportamento para "agir com impulsividade e impetuosidade, de maneira compulsiva, dando sempre vida a novas iniciativas, jogando-se em relações sempre novas, também afetivamente envolventes, sem nenhum critério" (GODOY, 2006). Nas duas situações, o formando e o formado se vulnerabilizam aos modos de proceder de afastamento de si mesmos e relacionamentos com potencial de refúgio, com perigos de apego e dependência, sedimentando ainda mais a realidade de crise.

Para concluir o mergulho na *Pastores Dabo Vobis*, vale salientar a importância dada no documento ao investimento na formação dos próprios formadores em relação a essa dimensão associada aos aspectos humanos. Essa perspectiva de formação do formador é sinalizada por Chagas, Rabelo e Rabelo (2015) como um investimento em sua maturidade para suporte emocional ao lidar com a missão de educador. A condição de que o formador seja uma pessoa com maturidade garante, na relação com os formandos, um referencial de equilíbrio e segurança para ajudar na resolução das dificuldades, inclusive na área afetiva, pois é uma dimensão na qual ocorrem muitas demandas de ajustamento. A fim de que suas palavras e seus ensinamentos como formador sejam assertivos, é necessário que as suas atitudes, seu modo de ser, revelem aos jovens em preparação a confiança indispensável para que a educação oferecida incida com mais plenitude no processo formativo. É como está registrado no próprio documento, alertando que, para esta missão de formador, devem ser convidados homens e mulheres de vida e vocação que possam ser referenciais, gozando de qualidades como "maturidade humana e espiritual, experiência pastoral, competência profissional, estabilidade na própria vocação, capacidade de colaboração, preparação doutrinal nas ciências humanas (especialmente em psicologia) adequada ao cargo e o conhecimento dos modos de trabalhar em grupo" (PDV, n. 204).

1.1.2. Diretrizes básicas da formação dos presbíteros da Igreja no Brasil – Documento 55 da Conferência Nacional dos Bispos do Brasil (CNBB)

Após o documento *Pastores Dabo Vobis*, a Igreja no Brasil, por intermédio da sua Conferência Episcopal, publicou em 1995 o texto chamado *Diretrizes básicas da formação dos presbíteros da Igreja no Brasil* (doravante, Doc. 55), material denominado como Documento número 55 da CNBB. Este é o segundo documento referencial a ser destacado neste capítulo, com o intuito de acenar para orientações que tratam da importância do investimento na dimensão humana do trabalho formativo daqueles que estão em preparação para o sacerdócio e para a vida religiosa. O intuito deste documento é referendar a *Pastores Dabo Vobis* e adequar as orientações do Vaticano à realidade brasileira dos institutos de formação.

Um primeiro aspecto merecedor de destaque é a preocupação do documento com uma formação personalizada, que respeite a história dos candidatos, incluindo a cultura que trazem consigo ao entrarem para uma casa de formação. Tal preocupação é movida pela necessidade de garantir um processo educativo que não ignore a individualidade dos jovens, para que todos os seus potenciais sejam valorizados e bem utilizados no decorrer da formação. Assim está posto no capítulo 5 desse documento que aborda o processo formativo: "a ação formativa, centrada na pessoa mais que nas estruturas, há de ser personalizante, superando os riscos de massificação ou despersonalização, permitindo ampla abertura aos dotes e inclinações pessoais e a manifestação da individualidade e originalidade de cada um" (Doc. 55, n. 85). Neste sentido, o documento nacional garante a ideia de protagonismo indispensável por parte do formando em relação à própria formação, que é uma ideia presente no documento anterior, de João Paulo II.

Esse material, orientador ao Documento 55 da CNBB, destaca com veemência a importância de um trabalho de acompanhamento que valorize a dimensão humana, por isso os bispos do Brasil reforçam a necessidade de que os formadores sejam fiéis ao processo de formação personalizada, levando em consideração a realidade de cada candidato, identificando suas dificuldades psicológicas pessoais no intuito de receberem uma atenção específica, incluindo, se necessário, suporte técnico e profissional. Assim está descrito no documento da CNBB:

> Os formadores, diretores espirituais e outros eventuais assessores, no cuidado pela formação psicoafetiva dos candidatos, devem acompanhar com atenção, naturalidade e segurança a evolução de cada uma dessas características, atentos à maneira individual com que cada um se desenvolve, numa experiência pessoal que é irrepetível. É tarefa da Equipe de Formação ajudar cada um a discernir não só se é chamado de Deus, mas se tem condições psicológicas para assumir o que o presbiterado supõe como base humana. Em certos casos, os formadores deverão ajudar o candidato a procurar orientação psicológica especializada. Iguais cuidados deverão ter na aferição e acompanhamento das condições e experiências psicoafetivas anteriores (Doc. 55. n. 120).

A maneira como o documento da CNBB aborda a formação humana é associada à formação afetiva de maneira intrínseca, ou seja, a descrição no próprio texto chama a atenção sobre o fato de que o indivíduo, dentro do processo formativo, demanda um permanente amadurecimento de sua humanidade e afetividade. É uma expressão que valoriza o acompanhamento da dimensão afetiva dentro do próprio processo de desenvolvimento humano, tendo em vista a integração da pessoa para poder corresponder às exigências de uma vocação para a oblatividade e serviço aos outros. Segundo Frezzato (2018, 17), "no que diz respeito à maturidade humana no prisma psicológico, falamos de maturidade psicoafetiva, ou seja, a maturidade humana está intimamente ligada à maturidade afetiva". Para que aconteça a disponibilidade integral da pessoa para um projeto de vida, é indispensável que o futuro consagrado seja preparado para o crescimento humano de maneira profunda e total, na via do conhecimento e aceitação de si mesmo, com suas dificuldades e condições para bem encaminhar a sua maturação.

Há um enfoque importante e necessário no documento, que aponta para a integração afetiva como uma tarefa fundamental para a opção da vida celibatária, quando afirma que "o candidato precisa integrar seu dinamismo e potencialidades, aspirações e valores em vista de uma sadia identidade presbiteral. [...] A maturação psicoafetiva global é uma construção progressiva, em que a ação de Deus e a liberdade humana se integram" (CNBB, Doc. 55, n. 113). No decorrer de todo processo formativo, e até mesmo na formação permanente como adultos já consagrados e ordenados, este deve ser um trabalho contínuo para o favorecimento da maturidade afetiva, pois se trata de um comprometimento que envolve fatores intrapsíquicos da estrutura e desenvolvimento da sexualidade que não podem ser postos à margem. Além disso, é também essencial manter a consciência do desafio que é lidar com a castidade, inseridos numa sociedade hedonista e de supervalorização da vivência sexual sem comprometimento com os valores e a integração saudável. É de suma importância o destaque dado no documento para garantir a formação humana integral, associada à integração afetiva, de forma que o crescimento do candidato ao celibato possa ser manifestado na medida em que ele se sinta capaz de superar a atitude imatura de somente voltar-se para si mesmo e comprometer o investimento na doação e serviço aos demais, num exercício da conduta voltada para a autonomia psicológica, garantindo a integração esperada e saudável da sexualidade.

Ainda em conformidade com o Documento 55 da CNBB, essa concepção de valorização do investimento na formação humano-afetiva dentro das estruturas formativas precisa ser garantida desde o início da preparação dos candidatos. Para a formação nos seminários diocesanos que formam os futuros padres das dioceses, a orientação é bem evidenciada no texto, quando este aponta para um enfoque prioritário e centralizado em um trabalho de acompanhamento personalizado que leve em consideração "o conhecimento de si mesmo, com qualidades, defeitos e limites; o conhecimento da sexualidade masculina e feminina; a formação da consciência, caráter, personalidade; o equilíbrio no relacionamento interpessoal" (Doc. 55, n. 56).

Segundo Chemin (2011), o seminário é uma comunidade educativa que deve estar concentrada na formação integral espiritual, intelectual, pastoral, mas também humano-afetiva dos futuros padres. O seminário deve ser uma casa de formação que promova o desenvolvimento integral dos seminaristas no intuito de que não haja fragmentações.

A educação para o saudável desenvolvimento afetivo-sexual nos institutos de formação é uma abordagem consagrada para fomentar a necessária maturidade psicológica do formando. É indispensável que essa dimensão seja tratada no processo formativo e também de forma permanente na vida dos presbíteros e religiosos já em missão, numa perspectiva de conjunto integral e não como um aspecto à parte do desenvolvimento sistêmico da pessoa. A própria Igreja Católica dá orientações nesse sentido, conforme descrito num trecho do documento publicado pelo Pontifício Conselho para a Família, no pontificado de João Paulo II e intitulado *Sexualidade humana: verdade e significado. Orientações educativas em família* (SH): "A sexualidade é uma componente fundamental da personalidade, um modo de ser, de se manifestar, de comunicar com os outros, de sentir, de expressar e de viver o amor humano" (SH, n. 10).

O papa Francisco, em sua exortação apostólica *Amoris Lætitia* (AL), aponta para a importância de que todas as instituições educativas assumam o desafio de trabalhar a educação para a sexualidade, "num tempo em que se tende a banalizar e empobrecer" (AL, n. 280) esta dimensão. A educação sexual deve ser realizada "no contexto duma educação para o amor, para a doação mútua" (idem, ibidem), como ressalta a exortação. É necessário conceber essa dimensão da sexualidade dentro do processo global de desenvolvimento da pessoa num movimento de saída de si para o outro, da realização egocêntrica em direção ao cuidado da pessoa amada, da passagem do amor para dentro de si mesmo rumo ao amar para fora.

Um dos componentes fundamentais da estrutura da sexualidade é a afetividade, que precisa ser concebida como o seu canal social que favorece a integração, garantindo unidade, liberdade, maturidade e, assim, beneficiando a condução à superação das dificuldades e a segurança em lidar consigo e com as situações. É por intermédio da vivência afetiva que pode ocorrer a experimentação da energia positiva da sexualidade através das expressões de carinho nas relações interpessoais de amizade, companheirismo e doação nos contextos apostólicos inseridos no convívio com as comunidades. Dentro da jornada formativa, que demanda o comprometimento com a vida celibatária, o mecanismo da afetividade promove a inteira possibilidade da vivência da sexualidade, sem, necessariamente, o exercício da genitalidade. A vivência possível, necessária e saudável da afetividade na vida religiosa e sacerdotal é o fio de ouro que conduz o convívio benéfico com a própria sexualidade, para a própria integração, maturidade e consequente predisposição amadurecida nos relacionamentos em geral. Dentro desta trajetória de assumir por inteiro o compromisso com a maturidade para a vida de castidade, torna-se uma prerrogativa intrínseca que o candidato tenha absoluta consciência de que este processo demanda obrigatoriamente a soma da própria vontade com a liberdade responsável.

No Catecismo da Igreja Católica (cf. n. 1599), o sacramento da Ordem para o presbiterado normalmente é conferido apenas a candidatos que estão prontos a abraçar livremente o celibato e manifestam publicamente sua vontade de guardá-lo por amor ao Reino de Deus e ao serviço aos homens. Quanto maior a liberdade com responsabilidade, mais radical é a disponibilidade. O ser humano é responsável porque é livre, porque é um ser que responde, que decide, escolhe como encaminhar a sua existência. Com base na obra de Libardi (2008), o logoterapeuta Langle (1992), em sua obra *Viver com sentido*, ressalta essa ideia com a seguinte afirmativa:

> A liberdade e a responsabilidade, juntamente com a espiritualidade, fazem parte da dimensão noética do homem. O pensamento frankliano considera o homem não só um ser que pergunta, mas que responde, e essa resposta tem a ver com a meta que o conduz à maturidade (LANGLE, 2022, 125).

Para a consecução desta perspectiva, é indispensável uma assertiva seleção de formadores para os seminários e casas de formação para a vida religiosa, que se identifiquem e absorvam as orientações de valorização no trabalho com a formação humana dos formandos, assim como estejam abertos e disponíveis para investirem no próprio processo de formação, o que se denomina, na Igreja Católica, como formação permanente. De acordo com Chemin (2011), é importante destacar a consciência de que o formador precisa possuir uma composição bem estruturada da sua maturidade, além da sua segurança vocacional, bem como da capacidade de acompanhar os jovens a ele confiados, mostrando a via para o devido e esperado amadurecimento. Vale o registro que o autor supracitado faz em seu trabalho, a partir de uma referência ao papa João Paulo II, retirada da *Pastores Dabo Vobis* (n. 66), sobre a importância da escolha cuidadosa dos formadores para essa missão educativa, que precisa ter um enfoque na dimensão humana, quando registra que a maior parcela do sucesso na formação está intrinsecamente associada à maturidade dos formadores, tanto em relação ao conjunto humano como na internalização dos valores evangélicos. Portanto, o documento insiste na seleção rigorosa daqueles convocados para a missão formativa, assim como no endosso permanente de que eles mantenham suas condutas firmadas na idoneidade para a função que foi confiada a eles.

Sobre a formação permanente, o documento salienta como "um imperativo que se impõe como processo de crescimento de todo ser humano" (CNBB, Doc.55, n. 184) deixando bem evidenciada a importância dispensada para que os padres e religiosos envolvidos neste trabalho de formação, não podem deixar de fora o compromisso com a prática de uma capacitação contínua para essa missão. Isso tanto no que se refere ao treinamento com os instrumentais das ciências afins, como a psicologia e pedagogia, e no investimento na própria maturidade para bem lidar com as próprias questões psíquicas, ante a demanda de equilíbrio humano nos intercâmbios relacionais com os formandos.

Esse aspecto da formação permanente e contínua dos que se encontram no papel de formador é de suma importância para que se tenha a garantia de um trabalho formativo em constante atualização e aplicação das demandas vigentes dos formandos. A formação permanente favorece o reconhecimento de parceria e uso devido das ciências humanas dentro dos seminários e das casas de formação, assim como facilita uma visão antropológica da condição humana na qual se insere a pessoa do vocacionado.

Cabecinhas (2015), em sua dissertação intitulada "Acompanhamento pessoal de jovens consagrados – contributo para o acompanhante", a partir dos escritos de Amedeo Cencini – sacerdote, psicoterapeuta e autor de vários livros e publicações, na sua maioria relacionados com a formação na vida consagrada –, destaca, entre outros métodos de formação, o "modelo da integração" como modelo formativo que tem como proposição a perspectiva de que a pessoa não fique na fase inicial do processo formativo, mas que siga por toda sua jornada com a "aprendizagem pelo qual o [sujeito] recolhe toda a própria história..." (CENCINI, 2007, 164). A ideia de integração é unir todas as dimensões do indivíduo e as ciências humanas na aprendizagem plena, em que sejam incluídos os parâmetros dos aspectos antropológicos da pessoa que promove o envolvimento e o comprometimento do formando e formador com o próprio desenvolvimento. Esse método de integração leva ao reconhecimento e à valorização da pessoa em suas múltiplas dimensões (biopsicossocial), que precisam amadurecer de forma permanente, em comunhão com os anseios da escolha vocacional e atreladas a cada período formativo e permanente nas fases de pós-consagração e ordenação. Em cada etapa de vida, na soma das vivências, a pessoa experimenta a sua formação numa via permanente para a maturidade, do mesmo jeito que a própria vida possui seu percurso constante e progressivo, não apenas em um único desembocar, mas em um desenvolvimento cotidiano. Assim, Cabecinhas (2015) cita a descrição que faz o próprio Cencini (2007) desse modelo de integração sugerido por ele:

> A capacidade de construir e reconstruir, compor e recompor a própria vida e o próprio eu, em torno de um centro vital e significativo, fonte de luz e calor, no qual se podem encontrar a própria identidade e a verdade, e a possibilidade de dar sentido e realização a todo o fragmento da própria história e da própria pessoa, tanto para o bem como para o mal, para o passado e para o presente, num movimento constante centrípeto, de atração progressiva (CABECINHAS, 2015, 48-49).

Ainda movido pelo trabalho de grande valia da autora supracitada a respeito do modelo da integração no processo formativo, segue o grifo de que a integração carrega um viés psicológico associado à demanda de desvendar e promover sentido ao próprio percurso histórico vivido, assim como ao tempo presente, incluindo tudo que foi vivenciado de positivo e negativo. O direcionamento de tal metodologia é que a força motivadora para o encaminhamento e a manutenção saudáveis das escolhas estejam interligadas à unidade das forças afetivo-sexuais, do potencial relacional e da alteridade. A estratégia sugerida é que essa integração se realize alavancada pela "inclusão da realidade da pessoa" (idem, 48), com toda sua história passada, seus condicionamentos e potencialidades, assim como inclusão "da realidade presente da pessoa e sua personalidade e inclusão do bem e do mal com sentimentos de reconhecimento, aprendendo dar-lhe um sentido que o transforma em verdadeiro bem" (idem, ibidem). A viabilização do elemento da inclusão para a integração sugere não a eliminação, mas que se dê sentido, ou seja, é preciso não excluir nada do que foi vivenciado na história da pessoa, conhecê-la a fundo, acolhê-la e injetar sentido com novas perspectivas, novos valores, orientações (idem, 50). Tudo em prol de abraçar a sua própria verdade, completando-a e garantindo fôlego para que ela (a verdade sobre si) se cumpra e tenha vida em abundância e perenidade em seu projeto existencial. Para peregrinar a estrada da integração, é indispensável e terapêutico, como afirma Cencini, citado por Cabecinhas, tomar o passado "entre as próprias mãos para orientá-lo e ressignificá-lo" (idem, ibidem).

Enfim, esse modelo formativo de integração, proposto por Cencini (2007), direciona-se focalmente para o acompanhamento dos formandos, mas nesta reflexão voltada para a importância da formação permanente, daqueles que já concluíram o processo preparativo, envolvidos na missão de formar, é de grande valia reforçar a necessidade de uma contínua reciclagem e atualização na sua conjuntura antropológica e de recursos técnicos para o exercício da função.

1.1.3. *O dom da vocação presbiteral* – Ratio Fundamentalis Institutionis Sacerdotalis, *do papa Francisco*

Este é o documento que apresenta a abordagem oficial e mais atualizada da Igreja Católica Universal sobre as diretrizes formativas para as instituições que lidam com a preparação dos novos religiosos, a ser aplicado em todas as dioceses do mundo, desde quando passou a vigorar, no ano de 2016. A *Ratio Fundamentalis Institutionis Sacerdotalis* (RFIS) é um conjunto de instruções sobre os mais diversos aspectos da formação presbiteral e foi publicado pela Congregação para o Clero, órgão do Vaticano responsável pela coordenação deste documento, com o título em português de *O dom da vocação presbiteral*. É o documento que se refere à normativa de Roma para as igrejas particulares do mundo todo, caracterizando-se como as normas básicas que servirão para a elaboração dos planos formativos próprios para cada diocese.

A iniciativa para a redação deste documento foi uma das primeiras atitudes do papa Francisco em seu pontificado, demonstrando assim a sua preocupação com este tema da formação para o ministério presbiteral. Vale salientar a orientação no documento para que essa formação tenha de levar em conta o processo humano e individual de cada candidato ao sacerdócio. O texto destaca que a "harmoniosa espiritualidade" requer uma humanidade bem estruturada: de fato, como recorda Santo Tomás de Aquino, "a graça pressupõe a natureza" e "não se substitui a esta, mas a aperfeiçoa" (RFIS, n. 93). Ainda segundo o próprio documento, a "chamada divina interpela e envolve o ser humano concreto. É necessário que a formação ao sacerdócio ofereça os meios adequados para facilitar o seu amadurecimento, com vista a um exercício autêntico do ministério presbiteral" (idem, ibidem). Nesse sentido, as casas de formação são impelidas pelo documento a favorecer o processo formativo, dispondo os meios necessários para o amadurecimento integral do jovem em formação.

É marcante a orientação oficial deste diretório para considerar a construção humana do jovem candidato à missão sacerdotal, com uma direção especialmente voltada para o acompanhamento da dimensão humano-afetiva, evidenciando que a formação para a vida sacerdotal e religiosa perpassa a formação desta realidade psicológica, tanto para o formando como para o formador. Em conformidade com os autores Pereira e Reinoso (2017), esse documento explora o tema da dimensão humano-afetiva, com destaque para a afirmação de que o seminário não é apenas um edifício de pedras, mas, acima de tudo, uma comunidade de formação. Os aspectos psíquicos envolvidos no processo formativo em relação à afetividade são fundamentais para o contexto e espaço do ambiente da casa de preparação, assim como para os próprios indivíduos envolvidos, tanto o jovem formando quanto o formador.

No intuito de realizar um trabalho de investimento na maturidade, o documento faz um sinal importante para que seja realizada uma formação que promova o autoconhecimento equilibrado do candidato, a fim de superar as percepções distorcidas sobre si mesmo e a própria história de vida. Tal orientação é contemplada no número 94 do texto, quando afirma que cada seminarista precisa ter conhecimento amplo da própria trajetória de vida, de sua história familiar na infância e na adolescência, das suas relações com os referenciais afetivos paterno e materno e do seu potencial de estabelecer intercâmbios sociais saudáveis. Ainda nesse mesmo número, é significativa a preocupação de que a formação humana seja "fundamento de toda a formação sacerdotal" e que garanta "o crescimento integral da pessoa", com o objetivo de que o formando seja conduzido para a "constituição de uma personalidade estável, caracterizada pelo equilíbrio afetivo, o domínio de si e uma sexualidade bem integrada" (RFIS, n. 94).

No capítulo VI do documento, a Congregação para o Clero faz um destaque especial para as pessoas, grupos e instituições envolvidos no processo formativo, denominando-os, como próprio título do capítulo diz, "os agentes da formação". Esses agentes são o bispo diocesano; o presbitério (conjunto de padres da diocese); os seminaristas; a comunidade de formadores (os que fazem parte da equipe de formação); os professores; os especialistas (profissionais que colaboram na área psicológica, médica, pedagógica, administrativa, artística, ecológica e no uso dos meios de comunicação); a família, a paróquia e outras realidades eclesiais; a vida consagrada (religiosos e religiosas) e os leigos na formação; a formação permanente de todos os agentes.

É importante observar, como o texto quer garantir, a visão oficial da Igreja sobre a presença do psicólogo no desenvolvimento do trabalho de formação nos seminários, quando descreve no documento que

> no âmbito psicológico, tal contribuição é preciosa, seja para os formadores seja para os seminaristas, principalmente em dois momentos: na avaliação da personalidade, exprimindo um parecer sobre a saúde psíquica do candidato, e no acompanhamento terapêutico, para trazer à luz eventuais problemáticas e ajudar no crescimento da maturidade humana (RFIS, n. 147).

Existe também uma preocupação, ainda no n. 147 desse documento, em relação à seleção adequada dos profissionais chamados a contribuir na formação, para que possuam um "perfil de crente", além das boas qualidades humanas e profissionais.

Há uma insistência nas diretrizes da Igreja, não somente neste documento, mas em diversas publicações, para que a seleção do profissional de psicologia que deverá trabalhar com os candidatos e formadores tenha uma identificação com a fé católica, na intenção de salvaguardar os valores impregnados na experiência religiosa, bem como de compreensão e respeito às orientações da Igreja. Assim é observado, por exemplo, no já mencionado documento intitulado *Orientações para o uso das competências psicológicas na admissão e na formação dos candidatos ao sacerdócio* (doravante este documento será citado como *Orientações*): nele se afirma que os formadores, ao contarem com a colaboração dos psicólogos, "deverão ter adquirido competência específica no campo vocacional e unir ao profissionalismo a sabedoria do Espírito" (Or, n. 6). O mesmo texto aprofunda ainda mais tal preocupação, ao solicitar que, na escolha dos especialistas para o trabalho psicológico, é imprescindível que demonstrem maturidade espiritual, além da humana, assim como devem comungar de uma visão cristã "acerca da pessoa humana, da sexualidade, da vocação para o sacerdócio e para o celibato, de modo que a sua intervenção tome em conta o mistério do homem no seu diálogo pessoal com Deus, segundo a visão da Igreja" (Or, n. 6).

O papa João Paulo II, no já citado discurso em 2002, por ocasião da Assembleia Plenária da Congregação para a Educação Católica, sinalizou a devida atenção na boa seleção e preparação dos profissionais da psicologia para parceria junto às casas de formação, mas sem deixar de fora o critério do entendimento sobre o universo da vocação sacerdotal. Naquela ocasião, o papa quis assegurar a orientação de que é necessário oportunizar a devida preparação de profissionais da psicologia, para que possam desenvolver um amplo entendimento sobre a realidade vocacional à vida sacerdotal, de tal maneira a oferecer suporte eficaz à demanda de "integração entre a dimensão humana e a sobrenatural" (*Discurso do santo padre João Paulo II aos participantes na Assembleia Plenária da Congregação para a Educação Católica*, n. 2).

Na *Ratio Fundamentalis Institutionis Sacerdotalis* (doravante, *Ratio Fundamentalis*) da Congregação para o Clero, em conformidade com a análise de Flores (2017), em seu artigo na *Revista*

Espaços, o capítulo VI enfoca de forma especial a importância da inclusão dos especialistas na colaboração direta ou indireta no processo formativo. O documento alude ao fato de que o papel a ser desempenhado pelos responsáveis pela formação e os convidados – que são profissionais especialistas em suas áreas particulares – é de um perfil de cooperação técnica, e não de decisão na jornada preciosa de discernimento do candidato. Não há como substituir a figura do formador pela pessoa do especialista. Num trecho do documento está garantida essa dimensão de cooperação: "vários especialistas podem ser chamados para oferecer a sua contribuição, como, por exemplo, no âmbito médico, pedagógico, artístico, ecológico, administrativo, e no uso dos meios de comunicação" (RFIS, n. 145).

Nessa mesma perspectiva, o texto oficial sinaliza para o uso da psicologia como um instrumento valioso e eficaz na contribuição do desenvolvimento esperado do jovem formando. De maneira mais específica ainda, o capítulo VIII apresenta um rol de normas para o uso devido dessa ciência e de seu profissional. Uma delimitação importante que deve ser resguardada pelos formadores e superiores é o pronunciamento desses especialistas em relação à idoneidade vocacional, própria e exclusiva da relação entre formando, formadores e superiores. Flores (2017) lembra que, na atuação da psicologia com os formandos, o profissional deve direcionar seu trabalho para questões psicológicas, abordando o desenvolvimento humano, priorizando condições para o crescimento saudável e de suporte para ajustes necessários de "reconstrução da história pessoal que ofereça uma resposta serena a ele, e não olhar tudo desde uma ótica psicológica" (FLORES, 2017, 73). Assim sendo, as casas de formação precisam acionar a colaboração dos especialistas no processo formativo integral dos seus jovens candidatos ao sacerdócio e à vida religiosa, "evitando no futuro, erros por ignorância ou falta de conhecimento da matéria" (idem, ibidem).

A título de conclusão deste subitem sobre a *Ratio Fundamentalis*, fica bem registrada a orientação do atual pontificado de Francisco sobre a necessidade do enfoque na dimensão humana do trabalho dos institutos de formação para o sacerdócio e para a vida religiosa. Tal enfoque pode ser operacionalizado através do uso adequado da ciência da psicologia, como descreve esse documento, ao salientar como a psicologia pode promover uma ajuda que "permite conhecer melhor a índole e a personalidade dos candidatos, e oferecer um serviço formativo mais adequado às particulares condições de cada um" (RFIS, n. 192).

1.1.4. Diretrizes para a formação dos presbíteros da Igreja no Brasil – Documento 110 da Conferência Nacional dos Bispos do Brasil (CNBB)

Este é o quarto documento que conclui esta série de análise das posições oficiais da Igreja Católica sobre a necessidade de não perder o alvo da formação humana no processo formativo dos futuros presbíteros e religiosos. A importância deste documento é reconhecida por se tratar da adequação nacional do documento do Vaticano, a *Ratio Fundamentalis*, que apresenta para todas as dioceses do mundo as diretrizes formativas para as instituições que lidam com a preparação dos novos religiosos. Sendo assim, o documento da CNBB intitulado *Diretrizes para a formação dos presbíteros da Igreja no Brasil* (Doc. 110) é a concretização da *Ratio Fundamentalis* para o Brasil, atendendo, desse modo, à demanda de cada Conferência Episcopal em organizar uma *Ratio Nationalis* própria, para a confecção de orientações voltadas para a formação dos presbíteros da Igreja no Brasil, mas sem perder a unidade e coerência com as orientações da *Ratio Fundamentalis* e o magistério do papa Francisco.

Um primeiro aspecto a destacar no texto do documento é a atenção dispensada ao trabalho formativo que valorize o conhecimento e acolhimento da individualidade do candidato no desafio da resposta vocacional, ou seja, que a formação sempre considere o percurso individual de cada jovem. Tal assertiva aponta inclusive para uma formação humana indispensável, já confirmando a perspectiva proposta no documento da *Ratio Fundamentalis*. O documento nacional (CNBB, Doc. 110, n. 1) assegura essa concepção quando descreve que a resposta de cada candidato para o dom da vocação, dada inicialmente por Deus, precisa ser amadurecida gradualmente no decorrer do processo formativo. "Na formação presbiteral, conjugam-se a ação da graça divina e a resposta humana, o que requer constante empenho e discernimento do processo formativo nas circunstâncias atuais, à luz da Palavra de Deus e do Magistério da Igreja e de um sadio conhecimento da pessoa humana" (CNBB, Doc. 110, n. 6).

No segundo capítulo, ao tratar do "itinerário da formação presbiteral", no item 6, sobre as "dimensões da formação", vale destacar a importância dispensada para que o trajeto formativo contemple a pessoa integral do jovem vocacionado, com toda a sua individualidade, para que todo ele seja preparado para estar completo e inteiro a serviço da missão. Relembrando a *Ratio Fundamentalis* do Vaticano, o texto reescreve que "o conceito de formação integral reveste a máxima importância, enquanto é a mesma pessoa na sua totalidade, com tudo o que é e com o que possui, a estar a serviço do Senhor e da comunidade cristã" (CNBB, Doc. 110, n. 75).

A orientação dessas diretrizes nacionais para os seminários e institutos formativos para vida religiosa tem como um alvo bem evidenciado valorizar a dimensão humana em todo percurso educacional do candidato, no intuito de "que o seminarista venha a ser autêntica pessoa humana" (CNBB, Doc. 110, n. 6). Além disso, instrui que a formação dispensada reforce no jovem educando as condições necessárias para que ele seja agente ativo em seu próprio processo de formação e para que ele possa "trabalhar a si mesmo, resgatando sua história e burilando as asperezas do próprio mundo interior e a assumir uma disciplina que habilite a praticar os valores e princípios desejados, expressão do caminho que percorre" (CNBB, Doc.110, n. 124).

É possível identificar, neste documento da CNBB, a preocupação de que ocorra uma formação capaz de oferecer ao jovem que se dispõe ao sacerdócio e à consagração religiosa condições de mergulhar na realidade social para a qual está sendo preparado; e que isso ocorra de forma segura e fortalecida, a fim de que lide bem com as pessoas e com a comunidade em geral. No próprio termo usado no documento, em seu primeiro capítulo, ao tratar das "coordenadas da formação presbiteral", o texto aponta para que o formando seja levado a ser um "perito em humanidade [...], homem de relações dentro e fora da Igreja. Deixando-se atingir pelas grandes questões que envolvem a humanidade, ele manifesta amizade, companheirismo e solidariedade com todos" (CNBB, Doc. 110, n. 41).

Ainda na sequência da ideia de uma formação individualizada, é necessário que haja respeito à história de cada jovem candidato, com todas as suas heranças familiares e socioculturais. Essas diretrizes sublinham a atenção e o cuidado com o respeito e devido aproveitamento das diferenças culturais que cada jovem carrega ao ingressar na instituição formativa, citando especificamente os indígenas, negros e imigrantes: "Vindos de realidade diversas, trazem consigo, também, elementos culturais diferentes, entre eles, indígenas, afrodescendentes e imigrantes. A vida na casa de formação e o processo formativo devem possibilitar uma integração cultural" (Doc. 110, n. 23).

As diretrizes encontradas no documento também preconizam, de maneira acertada e necessária, que o cabedal formativo dos seminários e casas de formação para a vida religiosa inclua as condições para o jovem vocacionado trabalhar o desenvolvimento saudável da sua sexualidade. Isso pode ser constatado na assertiva: "os candidatos, de modo geral, encontram-se na fase da construção da personalidade, o que envolve a própria sexualidade. Entre os jovens, alguns podem apresentar insegurança na identidade sexual, que fragmenta a própria personalidade e a vida psíquica" (CNBB, Doc. 110, n. 24). É questionável a intenção de uma formação integral da pessoa, para assumir a vocação religiosa de maneira saudável na sua totalidade, sem considerar a saúde da sexualidade, assim como das outras dimensões que compõem o ser humano, como a inteligência, a sociabilidade, a espiritualidade e todos os demais aspectos psíquicos constituintes da pessoa.

> Outro nível muito difícil de formação dos candidatos ao sacerdócio e à vida consagrada tem sido o da afetividade e o da sexualidade. Nos últimos anos multiplicaram-se as investigações a respeito. [...] Todas as investigações, partindo de dados recolhidos em

diversos ambientes, insistem na urgência de uma autêntica formação afetivo-sexual dos candidatos. É uma tarefa de primeira ordem (PRADA RAMIREZ, 2013, 83).

Segundo Bolfe (2020), a Igreja no Brasil sempre sinalizou uma atenção diferenciada na formação humano-afetiva dos futuros religiosos, em que os formadores devem ter um olhar personalizado para o vocacionado, sempre na perspectiva de considerar a história de vida, as vivências afetivo-sexuais, a personalidade e as suas limitações. O autor ainda ressalta que, caso seja necessário, "sugere-se que se faça uso da psicoterapia para tratar eventuais distúrbios" (BOLFE, 2020, 93). É como está descrito nas diretrizes: "É tarefa da equipe de formadores ajudar cada um a discernir não só se é chamado por Deus, mas se tem condições psicológicas para assumir o que o presbiterado supõe como base humana" (Doc. 110, n. 264).

No seguimento da referência do mesmo material, que repercute sobre as *Diretrizes para a formação dos presbíteros da Igreja no Brasil*, da CNBB, Bolfe (2020) reflete que, no desenrolar da trajetória vocacional do formando, é preciso fomentar a consciência de que o investimento no amadurecimento humano permanente servirá de sustentação para que promova condições suficientes para lidar com as renúncias e desafios, transformando-os em manancial de realização pessoal. Nesse sentido, Bolfe cita as diretrizes da CNBB: "Um formando livre e feliz aprende a trabalhar a si mesmo, resgatando sua história e burilando as asperezas do próprio mundo interior e a assumir uma disciplina que habilite a praticar os valores e princípios desejados, expressão do caminho que percorre" (Doc. 110, n. 124).

O autor ainda sinaliza para que se possa afirmar um compromisso perene e prioritário da Igreja, de provocar e desenvolver proposições que promovam uma capacitação permanente e integral. E que nesse ambiente exista entre formandos e formados a possibilidade de se desenvolver um "sentimento de pertença" (BOLFE, 2020, 93), incentivado pelas vivências relacionais entre seus membros como em uma família na qual se possa experimentar o afeto fraterno. Assim sendo, o processo formativo que precisa ser contínuo e perene pode despertar a construção de uma caminhada saudável e feliz, gerando em seus componentes, conforme as diretrizes da CNBB: "unidade com sua diocese, o autoconhecimento, a maturidade humana, a capacidade de relacionar-se, a integração positiva e oblativa de sua sexualidade como celibatário, o exercício do poder e da autoridade como serviço, a dedicação e o zelo pelo trabalho pastoral, o uso do dinheiro e dos bens como meios de partilha e comunhão" (Doc. 110, n. 124).

> Em suma, pode-se constatar que a Igreja no Brasil, sempre demonstrou grande preocupação com a formação humano afetiva e equilibrada dos futuros presbíteros. Na formação inicial, além da escolha e preparação adequada dos formadores, é necessário um olhar personalizado para o vocacionado, seja jovem ou adulto. As motivações, a história de vida, as experiências afetivas sexuais, a personalidade, o caráter, fraquezas e capacidades deverão ser consideradas. Na formação permanente, o processo de amadurecimento humano afetivo tem continuidade, principalmente, na fraternidade e solidariedade da comunhão presbiteral (BOLFE, 2020, 93).

Para concluir esta abordagem sobre as diretrizes oficiais e atuais que se referem à formação humana dos futuros padres e religiosos segundo o Vaticano e a CNBB, a partir dos quatro documentos trabalhados, vale salientar a importância de levar em consideração as orientações e premissas legais da Igreja Católica para a formação, numa associação pertinente e válida do pensamento oficial dos seus documentos com as possibilidades viáveis da psicologia. É como está posto no artigo de Frezzato (2018), quando descreve que os variados documentos da Igreja Católica, quando tratam do tema, sinalizam quão importante é a atuação da psicologia na realidade formativa e no serviço de acompanhamento dos que se encontram em formação. Entretanto, é imprescindível proporcionar as condições favoráveis para que o esforço ante a formação possa obter resultados satisfatórios.

CAPÍTULO 2

O psicólogo no trabalho de formação humana junto às instituições religiosas

> Jung ao perceber, nas suas vivências como terapeuta, a importância da experiência religiosa na vida dos seus pacientes, admite tal variável como um referencial fundamental para a trajetória do ser humano. Dentro desta mesma perspectiva, Jung reconhece as vivências religiosas como os rituais, a direção espiritual, o sacramento da reconciliação como meios pelos quais é possível favorecer o processo de individuação, que é a promoção do crescimento das pessoas pela maior consciência de si mesmo, pelo autoconhecimento, a fim de garantir o "tornar-se um ser único... tornar-se si-mesmo ou o realizar-se do si-mesmo", como o próprio Jung descreve em seu trabalho *O eu e o inconsciente*.
> (Pe. Elismar Alves dos Santos, *Experiência religiosa,* 2020)

Conforme já abordado no primeiro capítulo, registra-se quão necessário é o trabalho voltado para o bom desenvolvimento humano no transcorrer da formação dos candidatos vocacionados ao sacerdócio e à vida consagrada. No intuito de atender a esta demanda, todas as pessoas envolvidas na realidade do processo formativo precisam estar comprometidas com o trabalho de valorização da maturidade humana para melhor responder ao chamado da vocação. Desde o principal interessado no esquema formativo, que é o jovem formando, passando obviamente pela equipe responsável de formadores dentro da instituição, até os professores, os familiares dos candidatos, o bispo e demais membros que compõem a diocese e as congregações religiosas, assim como os profissionais especialistas convidados pelas instituições para o devido exercício profissional –pedagogos, médicos, psicopedagogos, educadores físicos, educadores artísticos, e, de maneira particular, os psicólogos. Deste último grupo citado, destaca-se a importância dos psicólogos como profissionais preparados de forma central para o trabalho com as questões relacionadas ao desenvolvimento da pessoa. Daí a necessidade deste capítulo para garantir cada vez mais a presença do trabalho do profissional da psicologia nas instituições de formação, como suporte indispensável para a consecução da integração saudável de todas as funções psicológicas dos formandos, para que eles assumam seu projeto de vida com saúde psíquica.

É oportuno contextualizar que são várias questões a serem respondidas pela Igreja, no tocante a um investimento sempre mais apurado na missão de formação daqueles que serão responsáveis pela continuidade de todo o projeto de evangelização católica. Uma dessas questões é o uso necessário e adequado dos especialistas da psicologia como parceiros na formação. Dessa forma, algumas ideias presentes neste capítulo procurarão esboçar uma resposta a essa questão no que diz respeito à essa parceria de formação.

Em 2008, sob o pontificado do papa Bento XVI, a Congregação para a Educação Católica, publicou o já mencionado *Orientações*, por meio do qual orienta os psicólogos e os formadores sobre como podem estabelecer cooperações entre si no processo formativo para a vida religiosa católica. Nesse mesmo documento, é lembrado um conteúdo da exortação apostólica pós-sinodal *Pastores Dabo Vobis*, que aponta para orientações nas quais a dimensão humana é o fundamento de toda a formação (cf. PDV, n. 72), recomendando que a formação do presbítero e dos religiosos deve levar em conta desde o equilíbrio geral da personalidade até a capacidade de carregar o peso das responsabilidades pastorais, desde o conhecimento profundo da alma humana até ao sentido da justiça e da lealdade (cf. PDV, n. 43).

Nesse sentido, é preciso reconhecer que, diante da realidade de impacto significativo da inserção e atuação da Igreja Católica no Brasil nas comunidades – no trabalho de oferta para a vivência dos valores religiosos, de orientação espiritual e de organização de grupos para colaborar ante os problemas sociais – é imprescindível que as lideranças disponibilizadas pela Igreja para essa missão, que são os jovens formandos, junto aos membros já formados, sejam pessoas bem integradas com as suas vocações e bem preparadas para a realização de um trabalho confiável, não só na perspectiva espiritual e teológica, mas também na dimensão humana. Aqui aloja-se uma primeira tentativa de responder à questão sobre a qualificação da formação com a presença dos serviços da psicologia nas programações dos seminários e das casas de formação para a vida religiosa. É fundamental um maior alcance da ciência da psicologia aos jovens formandos, pois são eles que serão – desde o tempo de formação até o período final de consagração (como irmã ou irmão religioso) e/ou ordenação (como padre) – responsáveis pelo trabalho nas comunidades como lideranças religiosas. A assertiva disponibilização, por parte da Igreja, do psicólogo no papel de apoio para o trabalho de formação humana junto às instituições de formação é uma resposta necessária ao problema da qualificação dos formandos que serão as futuras lideranças nas comunidades e instituições onde as dioceses e congregações se dispõem a prestar seus serviços.

Frezzato (2018) considera o profissional da psicologia importante facilitador no processo de formação humana, oferecendo a ferramenta dessa área como meio eficaz às casas de formação e seminários em suas programações formativas, favorecendo, aos que estão em formação, condições para assumir as suas vocações sob o prisma da maturidade, expectativa existente na própria Igreja.

No trabalho de Carneiro (2009), é proposto considerar a possibilidade de resistências e inconsistências no candidato, conduzindo ao risco de comprometer a realização mais completa do seu projeto vocacional. São circunstâncias que muitas vezes nem estão ao alcance desses jovens, devido a sua natureza inconsciente e até por falta de maturidade para o autoconhecimento propriamente dito. Daí a imprescindível abordagem formativa direcionada à dimensão humana, seja por intermédio educativo, seja por meio terapêutico, promovendo a ciência da psicologia como colaboradora na formação para o saudável desenvolvimento vocacional, garantindo a abertura aos valores que dão sustentação para a segurança e realização da estabilidade na maturidade. O autor salienta ainda que a busca da maturidade "não é um processo quantitativo e limitado, com os passos do princípio, meio e fim, ela é um contínuo, para vida toda" (Carneiro, 2009, 28).

De que maneira é possível perceber, na prática, a atuação do psicólogo no processo formativo, voltada diretamente à pessoa do formando? Esta é uma questão a ser respondida no desenvolvimento deste capítulo, no decorrer dos três subitens que disporão sobre cada uma das mais conhecidas intervenções psicológicas. No primeiro subitem, será apresentado o psicólogo que pode atuar no trabalho de formação humana por meio do instrumental educacional, através de aulas, cursos e palestras com temas relacionados ao universo do desenvolvimento humano. A outra perspectiva de atuação é apresentada no segundo subitem, no qual o psicólogo, dentro do campo da psicologia clínica, dispõe do instrumento da avaliação psicológica como suporte na admissão dos candidatos e nas demandas de diagnósticos no decorrer do período formativo. No terceiro subitem, é destacada a atividade da psicologia clínica na psicoterapia como um espaço permanente de serviço para o favorecimento de autoconhecimento do candidato para lidar consigo mesmo e com as possíveis dificuldades de ajustes comportamentais e psicopatológicos.

Em todas as intervenções possíveis por parte da psicologia no processo formativo dos candidatos, há uma dimensão comum a todas elas que é a promoção do conhecimento de si mesmo, da jornada da própria história, com influências familiares, religiosas, educativas e culturais, com as realidades de dificuldades, superações e valores que foram compondo o perfil pessoal e condutas individuais. Este aspecto do conhecimento é uma chave de suma importância que o formando deve ter sempre em suas mãos para abrir todas a portas que conduzam à posse do fluxo do seu desenvolvimento humano, para assegurar o máximo possível de segurança na confirmação da opção vocacional e realização integral. Seja na perspectiva educacional, com os cursos e palestras, na avaliação psicológica ou no serviço da psicoterapia, o candidato deverá ser favorecido por essa promoção do autoconhecimento para melhor lidar com o seu discernimento e fortalecimento de suas convicções. A ação do profissional da psicologia, por meio da sua atuação junto às instituições de formação, deve ser permeada pela máxima de que quanto maior o conhecimento que o candidato tem de si e da realidade que circunda, será mais bem ampliada a condição de segurança para encaminhar um percurso mais assertivo e adequado à sua escolha vocacional.

> Para o acompanhado, quanto maior o conhecimento sobre si mesmo (seus potenciais e limitações) e o seu processo, mais ampla a possibilidade de acerto. Quanto maior o conhecimento, maior a possibilidade de realização. O caminho em direção à realização pessoal e vocacional pressupõe o contínuo exercício de conhecimento sobre si mesmo, da própria história, passada e presente, e da capacidade de acolhimento da sua pessoa e da sua história, bem como das dificuldades que são comuns a toda pessoa em desenvolvimento. Rejeitar este olhar sobre si mesmo é rejeitar a possibilidade de se possuir sempre mais e saber com mais segurança as melhores decisões para si (RODRIGUES, 2020, 28).

Conforme Francileudo (2021), a ajuda que a psicologia pode oferecer de forma adequada deve fazer parte da formação integral do formando, estabelecendo seu papel como uma ciência a serviço da formação sacerdotal, a fim de favorecer a integração da experiência vocacional com o crescimento humano. Para tanto, como suporte no trabalho de formação humana junto às instituições de formação, esse mesmo autor assegura que a ajuda psicológica tem como foco ser apoio para o trabalho daqueles que estão na função de formadores e para o caminho de favorecimento do amadurecimento do formando, no intuito de ampliar o conhecimento sobre si mesmo, para que haja maior assertividade possível na consecução do projeto vocacional – maior conhecimento aumenta a possibilidade de maior assertividade.

A promoção do saudável desenvolvimento do indivíduo é o espaço focal de atuação da psicologia. Desenvolvimento almejado que está associado ao processo de maturidade, que é a possibilidade de desenvolver durante o curso da vida as potencialidades e capacidades que conduzem a pessoa à segurança sobre si mesma e sobre a realidade com a qual convive, para poder encaminhar a sua autêntica e compatível opção de vida. Ninguém nasce com a maturidade já formada; ela resulta de um processo de construção que dura toda a vida. Não são os anos vividos que determinam se alguém alcançou a plenitude e segurança pessoal, e sim a liberdade da autenticidade, de poder amar, sentir-se amado e colocar o próprio amor a serviço dos outros, sem interesse de tomar posse de outra pessoa ou esperar retornos. Por maturidade, vislumbra-se uma caminhada contínua na qual entram em jogo as características da pessoa, pois cada indivíduo amadurece à sua maneira e o produto final é único, não pode ser repetido. Esse ser único que não pode ser repetido é a identidade da pessoa, que, no trabalho de qualquer serviço psicológico em prol da formação humana, tem que ser concebido como sua condição intrínseca.

Nesse processo de suporte do papel da psicologia na formação da pessoa do formando, ainda na via da garantia do desenvolvimento da sua maturidade, o trabalho voltado para o condicionamento positivo da autoestima é a principal condição para o desencadeamento do processo de amadurecimento, pois é praticamente impossível dissociar "segurança sobre si mesmo" da capacidade da pessoa de acreditar nas suas próprias qualidades e de ter afeto por si mesma. Isto porque se alguém não encontra em si potencial suficiente para lidar com as questões que lhes são colocadas, naturalmente ele buscará fora (de si) a melhor fonte para suprir suas necessidades.

Dessa maneira é possível estabelecer a carência de autonomia e de proteção, reforçada pela atitude de fixação em figuras referenciais externas, a princípio paternas, reproduzidas adiante em outras pessoas, como as do professor, do amigo, do orientador etc. Não que a referência afetiva seja prejudicial, mas a fixação dela internamente como superposição da própria identidade compromete a possibilidade da autenticidade das características pessoais. Caso isso se torne um hábito, a pessoa desconhece a si mesma e confunde até os seus ideais com os de outra pessoa.

A atuação da ciência da psicologia no processo formativo para a vida religiosa não pode prescindir da inclusão e valorização devida da experiência religiosa que sustenta a trajetória vocacional ao se colocar a serviço das instituições formativas. Entretanto, a psicologia e o psicólogo têm que manter evidenciado o alvo a ser atingido, que é a pessoa envolvida com a própria vivência religiosa e o próprio discernimento vocacional. Jung (2011), em seus escritos *Psicologia e religião*, fiel a uma atitude meramente científica, concebe que a experiência religiosa primordial deve focar sua atenção na dimensão humana da questão religiosa. O padre e psicólogo Santos (2020), cita que Jung, ao perceber, nas suas vivências como terapeuta, a importância da experiência religiosa na vida dos seus pacientes, admitiu tal variável como um referencial fundamental para a trajetória do ser humano. Dentro desta mesma perspectiva, Jung reconhece as vivências religiosas – os rituais, a direção espiritual, o sacramento da reconciliação – como meios pelos quais é possível favorecer o processo de individuação, que é a promoção do crescimento das pessoas pela maior consciência de si mesmas, pelo autoconhecimento, a fim de garantir o "tornar-se um ser único... tornar-se si-mesmo ou o realizar-se do si-mesmo" (SANTOS, 2020, 94), como o próprio Jung descreve em seu trabalho *O eu e o inconsciente* (1987). Esta concepção junguiana de individuação ajuda a compreender a atuação da psicologia como instrumental valioso na jornada de autoconhecimento e integração do ser humano.

Na obra *Cartas de C. G. Jung (Vol. III, 1956 -1961)*, Jung escreve que a "individuação é o conceito central da Psicologia Analítica com o qual se entende genericamente o devir da personalidade, e em particular o processo de transformação contínua de uma individualidade" (JUNG, 2003, 18). Assim ele garante a ideia de que a experiência da individuação ocorre na vivência da integridade, no decorrer de toda a existência da pessoa, perpassando todo o seu desenvolvimento. Conforme Santos et al. (2021), a individuação incide em desenvolver-se psicologicamente em um extenso caminho que desemboca no lugar final de tornar-se "uma personalidade unificada, mas também única, um indivíduo, uma pessoa indivisa e integrada" (SANTOS et al, 2021, 95). Ainda segundo os autores, tal experiência tem impacto direto no desenvolvimento psíquico, "que Jung definiu como sendo individuação um processo que torna uma pessoa integrada visando o desenvolvimento do ego e da persona" (idem, 98). Para Jung, uma experiência de espiritualidade, denominada por ele como vivência "numinosa", é algo transformador, portador de oportunidades de ressignificações sobre o sentido da vida, por meio de opções amadurecidas, proporcionando "uma maior integração da consciência com o si mesmo" (idem, ibidem), e, consequentemente, colaborando com o processo de individuação.

Ao sublinhar tal contribuição de Jung, é possível endossar a importância da colaboração que a ciência da psicologia pode oferecer neste trabalho de formação humana aos futuros sacerdotes e religiosos, evitando qualquer sinal de contraposição ao colocar em descrédito as experiências espiritual e religiosa intrínsecas à trajetória do formando.

Para melhor fundamentar tal assertiva, registra-se o trabalho de Junges e Oliveira (2012), num artigo para a revista *Estudos de Psicologia*, com o título "Saúde mental e espiritualidade/religiosidade: a visão de psicólogos", no qual se destaca que a psicologia tem avançado cada vez mais no interesse pelos estudos da "espiritualidade/religiosidade e sua relação com a saúde mental, o bem-estar psicológico e a integração bio-psico-socio-espiritual do ser humano" (JUNGES; OLIVEIRA, 2012, 469). Ainda no artigo, os autores citam a iniciativa da Organização Mundial de Saúde (OMS), que em 1988

> incluiu a dimensão espiritual no conceito multidimensional de saúde, remetendo a questões como significado e sentido da vida, e não se limitando a qualquer tipo específico de crença ou prática religiosa. Para ela, a espiritualidade é o conjunto de todas as emoções e convicções de natureza não material, com a suposição de que há mais no viver do que pode ser percebido ou plenamente compreendido (idem, ibidem).

Faz-se mister que o profissional da psicologia envolvido no trabalho de suporte à formação das casas de formação não somente considere o conteúdo da espiritualidade e da experiência religiosa dos formandos como também procure obter informação e formação suficientes para promover aproveitamento positivo na ajuda técnica em todo serviço psicológico a ser dispensado. Segundo Stroppa e Moreira-Almeida (2008), citados por Junges e Oliveira no referido artigo, são diversos os trabalhos de pesquisa sinalizando que "maiores níveis de envolvimento religioso estão associados positivamente a indicadores de bem-estar psicológico, como satisfação com a vida, afeto positivo e moral elevado, felicidade, melhor saúde física e mental" (JUNGES; OLIVEIRA, 2012, 470). Os autores também citam a afirmação de Dalgalarrondo de que a dimensão religiosa está presente no processo de crescimento, de enfrentamento e forma de experienciar o sofrimento mental. Assim também se posiciona outro autor também citado neste artigo de Junges e Oliveira, Lukoff (2003), ao mostrar "que muitas pesquisas revelam boas correlações entre saúde e espiritualidade. Portanto, existe a necessidade de incluir a espiritualidade como um recurso de saúde e a inclusão desta temática já na formação acadêmica (dos profissionais da saúde), provocando reflexão e questionamento sobre a dimensão espiritual do ser humano" (idem, ibidem).

Anderson Frezzato e Ênio Brito Pinto, num artigo para o Conselho Regional de Psicologia de São Paulo (2016), intitulado "O psicólogo como colaborador da formação presbiteral católica: diálogos e silêncios", chamam a atenção para o fato de que mesmo o exercício profissional psicológico sendo laico, cada indivíduo atendido possui uma espiritualidade e, por conseguinte, pode ter também uma religiosidade (a diferença entre espiritualidade e religiosidade será aprofundada ainda neste capítulo, no 4º subitem "Espiritualidade e religiosidade – diferenças e aproximações"). A psicologia advém de um processo de laicidade, com o propósito de exercer um trabalho laico, mas sem fechar-se para uma comunicação ampla com a religião (CONSELHO FEDERAL DE PSICOLOGIA, 2004 e 2013). Está garantido no código de ética profissional do psicólogo brasileiro que a laicidade da psicologia é "cláusula pétrea", mas sempre admitindo que a defesa da laicidade não pode rejeitar as condutas de experiências das pessoas com o transcendental. De maneira contrária, a ciência da psicologia precisa absorver a laicidade como abertura de continente para "a liberdade da vivência e da manifestação da religiosidade de cada pessoa e, assim, abre consistente espaço para o respeito e a valorização dessa diversidade nos atendimentos psicológicos" (FREZZATTO; PINTO, 2016, 104). Tal colóquio tem de orientar o psicólogo em seu trabalho junto às casas de formação católicas, para que possa ser garantida a atuação profissional não pela sua religiosidade, mas pelo caráter científico que embasa os métodos psicológicos, que são caracterizados, conforme o Conselho Federal de Psicologia (CFP) como "conjunto sistemático de procedimentos aplicados à compreensão e intervenção em fenômenos psíquicos nas suas interfaces com os processos biológicos e socioculturais, especialmente aqueles relativos aos aspectos intra e interpessoais" (RESOLUÇÃO CFP 03/2007).

> Além disso, é importante que tenhamos presente que há uma espécie de contaminação da relação terapêutica quando o psicólogo não consegue separar (fazer uma suspensão fenomenológica) adequadamente seu papel profissional de sua religiosidade. Como para todas as pessoas que atende, também neste caso do trabalho em casas de formação católicas cabe ao psicólogo, apenas e tão somente, ter um profundo e empático respeito pela religiosidade e pelos valores das pessoas que atende, pois, se não fosse assim, somente um psicólogo judeu poderia atender judeus, somente psicólogos budistas poderiam atender budistas; e por aí afora (FREZZATO; PINTO, 2016, 105-106).

Entretanto, para bem manusear o enquadramento de ajuda psicológica a ser promovida aos formandos, é necessário considerar que algumas maneiras de vivenciar a religiosidade podem ter um efeito benéfico, mas podem também ser prejudiciais à saúde psicológica, além de identificar quais são as características das formas de vivência religiosa que podem conduzir ao estado de saúde mental saudável e quais as que podem ser prejudiciais ou patológicas. Enfim, como resultado do trabalho de pesquisa expresso no artigo supracitado de Junges e Oliveira, em todas as entrevistas a vivência religiosa foi apresentada como positiva, "quando potencializa o sujeito, oferecendo-lhe um espaço coletivo que favorece e ajuda na sua organização, no sentir-se pertencente a algum lugar, a um grupo, a estar integrado com outras pessoas e a partilhar de suas experiências" (JUNGES; OLIVEIRA, 2012, 472). Outrossim, a coleta das entrevistas também revelou que a experiência religiosa pode ser negativa quando "explora, manipula e atrapalha o processo de autonomia e o cultivo da própria espiritualidade, centrado mais em dogmas e cumprimentos de normas institucionais que culpabilizam" (idem, ibidem).

Numa sequência de fundamentação conclusiva sobre tal especificidade, passo a citar os estudos de Schumaker (1992), psicólogo da Universidade de Oxford, que apresenta uma lista com os principais argumentos dos dois lados da questão, em que são observadas as duas perspectivas, quando a experiência religiosa é prejudicial e quando promove um resultado saudável no desenvolvimento psíquico do indivíduo. Quando a experiência religiosa é prejudicial, gera níveis patológicos de culpa; promove a autodifamação e diminui a autoestima por meio de crenças que desvalorizam nossa natureza fundamental; cria ansiedade e medo mediante crenças punitivas (por exemplo: inferno, pecado original etc.); impede a autodeterminação e a sensação de empoderamento interno, sendo um obstáculo para o crescimento pessoal e funcionamento autônomo; favorece a dependência, conformismo e sugestionabilidade, com o desenvolvimento da confiança alienada em forças exteriores; inibe a expressão da sexualidade e abre caminho para o desajuste sexual; encoraja a visão de que o mundo é dividido entre "santos" e "pecadores", o que aumenta a intolerância e a hostilidade em relação "aos de fora"; cria paranoia pela ideia de que forças malévolas ameaçam nossa integridade moral. Na outra ponta, a experiência religiosa que gera impacto positivo sobre a saúde reduz a ansiedade existencial, fornecendo perspectivas para os conflitos emocionais e situacionais; oferece esperança, sentido, significado e sensação de bem-estar emocional; melhor enfrentamento da dor, do sofrimento e do problema perturbador da morte; traz sensação de empoderamento através da associação com uma força onipotente; estabelece orientação moral que suprime práticas e estilos de vida autodestrutivos; favorece coesão social; promove identidade, satisfazendo a necessidade de pertencimento, ao unir as pessoas em torno de uma compreensão comum.

É preciso garantir a concepção científica de que o objeto da Psicologia da Religião ou Psicologia da Experiência Religiosa é explicar o que leva alguém a se relacionar com o transcendental, na busca de compreender quais fatores psicológicos estão envolvidos na vivência da fé. A ação do divino não é o objeto de estudo da psicologia (a pessoa acredita ou não), mas a resposta para tal ação passa pela estrutura psíquica do ser humano, e aí se estabelece o alvo da ciência do comportamento, que é o estudo, conhecimento e manuseio das reações psicológicas na experiência espiritual e religiosa. A ação é divina, mas a resposta é humana, psicológica, pois trata-se de uma assertiva de que o alvo da Psicologia da Religião é o comportamento religioso revelado pelos indivíduos inseridos num contexto social, trazendo consigo uma bagagem histórico-cultural que perpassa toda a estrutura psicológica da pessoa. Este conteúdo referente ao comportamento religioso agrega interesse imediato no trabalho de acompanhamento na formação, que vai lidar com o favorecimento do desenvolvimento humano para melhor aderir ao projeto vocacional e de vida.

Portanto, o foco da psicologia no favorecimento da formação humana tem necessariamente que considerar a experiência religiosa do formando e a destreza no manuseio dos aspectos psicológicos que estão envolvidos na vivência espiritual e religiosa. No artigo da revista *Psicologia: ciência e profissão*, sob o título "Atitude religiosa e sentido da vida: um estudo correlacional", Freitas, Araújo e Araújo (2009) localizam nos construtos psicológicos as vias humanas por onde perpassa a experiência de fé. Os autores descrevem que somente o indivíduo, conscientemente, pode decidir pelo rumo dos seus atos, expressando com limpidez as intenções do que ele realmente é, por meio das suas atitudes, na demonstração de suas palavras, e, assim, garantir a força de suas ideias e a energia dos seus sentimentos e emoções no todo e em tudo que realiza. Eles afirmam ainda que "as atitudes ocupam um espaço considerável na vida, influenciando inúmeras decisões e comportamentos. E, à medida que as pessoas se relacionam com o meio social, formam atitudes em relação a esse ambiente" (ARAÚJO et al., 2009, 223).

Ainda nesse mesmo artigo, os autores citam Michener, Delamater e Myers (2005), evidenciando que os aspectos psicológicos envolvidos na experiência religiosa apontam para a composição das atitudes a partir de três dimensões principais: o componente cognitivo, o afetivo e o comportamental. O componente cognitivo está associado à elaboração, aos pensamentos e pondera as crenças que a pessoa tem sobre algo ou alguém (idem, 233). No processo de acompanhamento formativo, este componente cognitivo pode ser o princípio motivacional para encaminhar uma opção de vida. A segunda dimensão descrita é o componente afetivo, que trata das emoções e sentimentos do indivíduo, suscitados a partir da experiência afetiva da situação (idem, ibidem). No serviço de acompanhamento, a experiência afetiva fundamenta a vivência de amor, que é condição indispensável no discernimento do projeto pessoal. Por fim, o componente comportamental, que se associa à probabilidade ou à tendência do indivíduo em comportar-se de maneira específica (idem, ibidem) e dentro do continente de formação, revela sinais compatíveis ou incompatíveis com a opção que está sendo escolhida pelo formando.

Os autores também citam Hockenbury e Hockenbury (2003), salientando que

> apesar de as atitudes serem consideradas boas preditoras de comportamentos, não é seguro acreditar com total confiança que, para prever um comportamento de uma pessoa, basta conhecer suas atitudes, uma vez que, em situações concretas, nem sempre as pessoas agem de acordo com suas atitudes expressas; portanto, as atitudes envolvem o que as pessoas pensam, sentem e como elas gostariam de se comportar em relação ao objeto atitudinal. O comportamento não é apenas determinado pelo que as pessoas gostariam de fazer, mas também pelo que elas pensam que devem fazer, ou seja, pelas normas sociais, pelo que elas geralmente têm feito, isto é, pelos hábitos e pelas consequências esperadas de seu comportamento. Na verdade, o que as atitudes criam é um estado de predisposição à ação que, quando combinado com uma situação específica desencadeante, resulta em um comportamento (ARAÚJO et al., 2009, 233-234).

2.1. O psicólogo utilizando cursos e palestras no trabalho de formação humana pela perspectiva educacional

É possível constatar atualmente que são muitos os jovens que chegam na fase inicial do processo para o acompanhamento vocacional em circunstâncias, contextos e realidades que se caracterizam como variantes que influenciam na fragilidade da sua formação na dimensão humana. Em princípio, isso ocorre devido à própria imaturidade da faixa etária com a qual muitos candidatos começam essa trajetória de opção de vida; assim como, mesmo com a maturidade etária, falta a suficiente maturação psicológica, em que se sobressai a dificuldade do aprofundamento em assuntos referentes aos temas da formação humana e até mesmo a ausência de refletir sobre si mesmo.

Outro contexto que influencia na vulnerabilidade da formação é a ausência ou a baixa qualidade de recursos educacionais que contribuam para a formação humana desses jovens em suas famílias de origem, em suas escolas e comunidades eclesiais. Muitos não têm acesso a leituras sobre temas relacionados ao desenvolvimento humano, menos ainda a palestras ou cursos pertinentes a tal conteúdo.

Salienta-se também outra circunstância que pode explicar a carência na formação humana entre esses formandos, que se relaciona à presença de possíveis limitações e dificuldades na composição do conjunto psíquico que formam as suas personalidades, já encarnadas em suas histórias pessoais. Esta realidade inclui casos de tendências a desenvolver transtornos psicopatológicos, bem como quadros já estabelecidos e diagnosticados ou não. Nesses históricos específicos, quando devidamente comprovados, mais do que instrumentais pedagógicos de formação, será necessária uma intervenção especializada pela clínica psicológica ou até, concomitantemente, uma abordagem médica psiquiátrica. Situações como estas serão tratadas no terceiro subitem, "O encaminhamento para psicoterapia".

É preciso destacar que a resposta com uma formação adequada, através de profissionais da psicologia, para os que buscam o caminho da vida sacerdotal e religiosa não deve ser dada, apenas condicionada por essas variantes que promovem demandas supracitadas, como a imaturidade da faixa etária ou do próprio processo individual do desenvolvimento psicológico, assim como dos que trazem algum comprometimento na sua saúde psíquica. Essa resposta também é pertinente a todos que se dispõem a percorrer esta via da formação para a consagração na Igreja, de forma indiscriminada, até aos que já vêm de um processo de amadurecimento mais qualificado e de um processo formativo favorecido por outros meios.

> São inúmeros os desafios enfrentados pelo processo de formação presbiteral católico. Podemos citar alguns desafios a superar como a educação em defasagem, sobretudo no Brasil, a perca da compreensão dos valores e das atitudes éticas, a desfragmentação da sociedade familiar, entre outros. Tudo isso contribui para que o ser humano, em sua integralidade, na maioria das vezes, traga consigo acentuados problemas de imaturidade, de dificuldades de inserção social, de desprezo de valores, principalmente evangélicos. Tal problemática não escapa aos jovens que procuram a Igreja Católica para iniciarem o processo de formação presbiteral. Esses jovens necessitam de uma série de cuidados e de reforços. Cuidados que vão desde o oferecimento de acompanhamento psicológico até ao encaminhamento de profissionais diversos no campo da saúde física e mental (FREZZATO, 2018, 12).

O trabalho de formação humana na perspectiva educacional, através de cursos, palestras e até mesmo das aulas curriculares – nos estudos propedêuticos, nos cursos da graduação de filosofia e teologia e nos programas formativos dos institutos religiosos –, já é uma garantia de promover aos jovens em formação um contato direto com a ciência da psicologia. É imprescindível que o profissional envolvido com tal instrumental não perca de vista a perspectiva de oferecer, com os recursos da psicologia, não somente o conhecimento teórico, mas a conversão de todo conteúdo transmitido em ferramentas que proporcionem um conhecimento maior sobre si mesmo e sobre o processo de desenvolvimento do formando.

São dois os ganhos fundamentais para os que estão sendo formados nesta relação educacional com a psicologia no processo formativo. O primeiro é o de instrumentalizar o conhecimento adquirido sobre os temas psicológicos para o próprio esquema de formação, gerando esclarecimentos sobre a própria trajetória de conhecimento, compreensão e acolhimento da história pessoal, com seus condicionamentos e potenciais a serem desenvolvidos. Trata-se de uma perspectiva através da qual os conteúdos estudados advindos da psicologia são utilizados como ferramentas para ajudar na necessária leitura e amplitude do próprio desenvolvimento de sua estrutura psíquica. O segundo ganho favorecido aos formandos, neste exercício de lidar com a psicologia como suporte na formação, é decorrente do primeiro ganho supracitado, que é a possibilidade da atitude de manusear os conteúdos da psicologia para a própria formação específica do sacerdócio e para a vida religiosa, que proporciona de forma subsequente e natural a conduta de posse permanente do processo de formação humana e religiosa. Nesta experiência é possível contemplar a viabilidade de empoderamento do jovem em formação no que diz respeito à responsabilidade com o desenvolvimento da sua maturidade psíquica, tornando-o agente direto e imprescindível nesta tarefa de crescimento. É uma das maneiras positivas de fazer valer a expectativa da Igreja Católica em várias das suas orientações oficiais, como a que encontramos na *Pastores Dabo Vobis*, ao afirmar que o "candidato ao sacerdócio deve ser considerado protagonista necessário e insubstituível de sua formação" (PDV, n. 69). Tal preocupação não se refere somente ao período formativo, mas tem que acompanhar de forma contínua o religioso mesmo depois de completar seu processo formal na casa de formação, como ainda descrito no mesmo documento, ao afirmar que o primeiro e principal responsável por sua formação permanente é o próprio presbítero (PDV, n. 78).

Para que o formando seja realmente protagonista do processo formativo, e que a psicologia seja uma ferramenta para colaborar nesta intenção, é necessário que os institutos e os formadores garantam condições para que essa ideia se torne realidade. Não somente na oferta dos temas da psicologia nas programações da casa de formação e nos currículos dos cursos, mas também na disposição das posturas da equipe de formação em promover tal possibilidade de protagonismo e reponsabilidade aos estudantes para que assumam as rédeas do seu percurso formativo. Prada Ramirez (2013), em seu trabalho sobre psicologia e formação, ao abordar a figura do formador, alerta para não perder de vista a centralidade da pessoa que está sendo acompanhada, ou seja, a consciência de que cada indivíduo traz consigo os recursos necessários para a consecução de mudanças e aprimoramentos da própria história pessoal. O formador deve realizar seu trabalho levando em consideração tais recursos para suscitar o crescimento, a autoconsciência, o amadurecimento das motivações e a tomada das decisões. Levando em conta que todo o processo de formação deve considerar o formando como primeiro responsável pelo seu desenvolvimento.

A perspectiva educacional da psicologia vai responder à demanda dos propósitos contidos nas diretrizes gerais da Igreja, assim como precisam se fazer presentes nas orientações específicas dos institutos de formação de cada diocese e de cada congregação religiosa, no intuito de apontar para uma atenção permanente e contínua para ajudar na formação humana. Conforme já acenado, o documento mais atualizado publicado pela Igreja no Brasil (2018) e denominado *Diretrizes para a formação dos presbíteros da Igreja no Brasil*, apresenta oficialmente esta assertiva associada à constância do trabalho voltado ao desenvolvimento da maturidade em todo andamento da preparação para a vida religiosa. É evidente como a importância de atender ao crescimento humano está sempre conjugado às demais dimensões a serem contempladas pelas formações como a espiritual, acadêmica e pastoral. Vale citar um trecho desse documento, no qual é abordado o "projeto formativo", de modo que traga em seu marco teórico a ser desenvolvido "os fundamentos humanos, espirituais e pastorais, a fim de que se tenha uma visão nítida e pedagógica do caminho a trilhar [...]" (CNBB, Doc.110, 303). Assim sendo, a colaboração conjunta da ciência e dos especialistas em espiritualidade e pastoral passam a ser condições indispensáveis para que o fim a ser alcançado na formação seja desenhado, levando em consideração a "realidade humana, cultural e pastoral da Igreja" (CNBB, Doc.110, 303). A projeção dos temas a serem trabalhados deve obedecer às especificidades e demandas de cada período formativo, bem como a faixa etária dos que recebem a formação, de forma a ajustar os conteúdos ao que se projeta para atender às necessidades de cada momento da formação.

Na prática, esse trabalho de perfil educativo acontece na medida em que as instituições formativas incluem na sua programação anual encontros de formação humana com um profissional da psicologia, para que sejam trabalhados temas relacionados ao universo do comportamento e desenvolvimento da pessoa, tais como relações interpessoais e vida comunitária, psicologia do desenvolvimento, sexualidade, transtornos psicopatológicos, entre outros. O alcance ideal desse serviço é a comunhão da transmissão de conteúdos com a inserção deles na prática dos formandos, com utilização dos próprios recursos para a autoformação. É preciso garantir que a teoria psicológica absorvida nos encontros possa ser convertida como instrumento pessoal no trabalho interior de cada formando em direção ao favorecimento da maturidade. Esse método de encontros de formação é caracterizado por palestras, cursos, dinâmicas de grupos, bem como outras iniciativas que possam conter o caráter educacional formativo.

Vale o registro da existência de trabalhos formativos com profissionais da psicologia nas casas de formação, com o acompanhamento de grupos de vida ou também denominados grupos de crescimento. Em institutos com grupos menores de formandos, o próprio grupo já se caracteriza como o grupo de trabalho, e em grupos maiores são constituídos grupos menores de acompanhamento. O especialista é convidado para um programa contínuo no decorrer de todo ano, com temas a serem trabalhados numa perspectiva teórica, associados aos conteúdos voltados para o crescimento individual dos formandos e do grupo como um todo. A ideia não é estabelecer um padrão técnico de terapia em grupo, mas promover a tarefa de formação em grupo, colaborando no processo individual de autoconhecimento para favorecer a própria maturidade no intuito de lidar com toda a realidade psíquica, inclusive com o discernimento vocacional.

É oportuno destacar um dos trabalhos conhecidos com esta característica de enfoque grupal, que surgiu no ano de 2001 na Clínica-Escola de Psicologia da Pontifícia Universidade Católica (PUC) de Campinas, no interior de estado de São Paulo, tendo como proponente o professor Dr. Mauro Amatuzzi. Segundo Cambuy e Amatuzzi (2008), é um tipo de trabalho em grupo perfilado como psicoeducativo, que busca o desenvolvimento psicossocial dos membros por intermédio de reflexões sobre as experiências diárias e a maneira como cada um elabora e lida com os significados de tais vivências. Ainda que este método possua um enfoque terapêutico, ele não pode ser confundido com um grupo de terapia, pois seu alvo não é a resolução de queixas psicológicas individuais, e sim a promoção da aprendizagem para lidar bem com as questões vivenciadas no dia a dia e a possibilidade de trabalhá-las no intercâmbio grupal.

Baungart (2010) define o grupo de crescimento como um tipo de grupo com perfil psicoeducativo, que promove aos seus participantes a habilidade de visualizar a vivência cotidiana com mais acuidade. O grupo de crescimento tem uma perspectiva terapêutica, mas não deve ser confundido com grupos de psicoterapia, que possuem na sua motivação basilar a demanda de cada membro em resolver uma dificuldade psicológica pessoal e própria. Os grupos de crescimento objetivam fundamentalmente a aprendizagem de conceber a vida "com uma atenção diferenciada e elaborar isso na interação do grupo" (BAUNGART, 2010, 33).

Ao concluir sobre esse tipo de intervenção da psicologia na perspectiva educativa, é indispensável sinalizar para a escolha adequada do profissional que será o facilitador deste trabalho, pois, além de assegurar uma bagagem profissional de formação para responder a este papel, o profissional precisa ter bem definidos sua postura de compreensão e o respeito ao estilo de vida que permeia a realidade das instituições religiosas em busca desse suporte. A bem da verdade, tal expectativa se encaixa não somente neste trabalho psicoeducativo, mas em todas as intervenções que envolvem os profissionais da psicologia. O profissional não pode querer impor suas próprias crenças ou visões de mundo, enquanto está no papel profissional, assim como não deve julgar as condutas religiosas dos envolvidos no trabalho psicológico. O foco de facilitar o processo de autoconhecimento e autonomia psíquica na integração com a dimensão espiritual e vocacional precisa ser sempre resguardado.

Esta é uma preocupação da própria Igreja, registrada em diversos documentos publicados sobre o assunto, dentre eles o documento de 2008 da Congregação para a Educação Católica, já citado neste livro e no qual se indica que os perfis dos profissionais para o apoio psicológico aos seminários e casas de formação sejam diferenciados pela maturidade humana e espiritual, e que se orientem por uma "antropologia que abertamente partilhe da concepção cristã acerca da pessoa humana, da sexualidade, da vocação para o sacerdócio e para o celibato, de modo que a sua intervenção tome em conta o mistério do homem no seu diálogo pessoal com Deus [...]". (Or., n. 6). O mesmo documento registra que esse especialista tem um lugar importante na formação, ajudando o formando a ter mais conhecimento sobre si mesmo, suas dificuldades e condições favoráveis para o desafio de confrontar seus anseios vocacionais com o quadro geral do seu conjunto psicológico. A expectativa é que esse profissional preste um serviço com o intuito de "estimular uma adesão pessoal, livre e consciente à própria formação. Será tarefa do especialista fornecer ao candidato as oportunas informações sobre as dificuldades que ele está experimentando e sobre as possíveis consequências destas, para a sua vida e para o seu futuro ministério sacerdotal" (Or., n. 15).

2.2. O espaço e serviço da Psicologia Clínica na atividade diagnóstica da Avaliação Psicológica

A intervenção da psicologia no serviço de avaliação psicológica atualmente está incluída de maneira bem evidenciada nas orientações da Igreja Católica aos institutos de formação; tanto nos estágios iniciais de aspiração e candidatura, passando pelo próprio período integral da formação e incluindo as demandas específicas de esclarecimentos técnicos, no que diz respeito aos que ainda estão em formação, assim como nos casos dos presbíteros e religiosos já formados.

Para citar a postura oficial da Igreja em que assume a necessidade desta parceria com a ciência da psicologia, no tocante à avaliação, no *Código de Direito Canônico*, em seu cân. 1051 está prevista a providência de investigação sobre o estado de saúde física e psíquica do candidato para o escrutínio das qualidades requeridas para a ordenação. Tal posição é constantemente atualizada nos documentos oficiais da Igreja, como as diretrizes registradas na *Ratio Fundamentalis*. Ao tratar dos critérios e normas para a admissão, o texto deixa claro que é conveniente que o aspirante à vida religiosa seja submetido a uma avaliação psicológica, "seja no momento da admissão ao seminário seja no período sucessivo, quando isso pareça útil aos formadores" (RFIS, n. 193). Ainda no mesmo documento, são dadas indicações no que diz respeito ao objetivo da avaliação psicológica – retomando um aspecto de *Orientações* -, quando afirma que o psicólogo fornecerá aos formadores uma descrição técnica a fim de colaborar na compreensão do tipo de personalidade e de dificuldades que o candidato está lidando ou deve lidar, assim como "as possibilidades previsíveis de crescimento da personalidade do candidato" (RFIS, n. 195). O laudo deve sugerir também, em conformidade com a necessidade detectada, encaminhamentos para o devido apoio psicológico.

Para os institutos de formação no Brasil, as orientações são bem explicitadas nas *Diretrizes para a formação dos presbíteros da Igreja no Brasil*, quando se diz, que, para garantir uma avaliação mais ampla e assertiva do candidato sobre suas condições psicológicas, bem como das "atitudes humanas na resposta ao chamamento divino", aponta-se a possibilidade do trabalho de especialistas da psicologia: "Eles podem oferecer aos formadores não somente um parecer sobre a diagnose e a eventual terapia dos distúrbios psíquicos, mas também dar um contributo no apoio para o desenvolvimento das qualidades humanas." (Doc. 93, n. 98). É de suma importância esta visão mais ampliada de suporte psicológico, ou seja, não restringir o mecanismo de avaliação à entrega de um laudo psicológico, mas também abrir-se para que o profissional realize, após o diagnóstico, um trabalho de apoio para o bom desenvolvimento da pessoa em seu processo de formação religiosa e maturidade humana.

É imprescindível que os responsáveis pelas instituições formativas, dioceses e congregações religiosas tenham bastante clareza do conceito de avaliação psicológica, assim como dos objetivos e alcances deste instrumento da psicologia, para assegurar a utilização adequada no que concerne às demandas para o serviço. Portanto, a avaliação psicológica precisa ser concebida como um procedimento técnico psicológico com a propriedade de favorecer a descrição e compreensão do indivíduo com os seus variados atributos,

> investigando tanto aspectos da personalidade quanto aspectos cognitivos, abordando possíveis sintomas, questões do desenvolvimento, questões neuropsicológicas, características adaptativas e desadaptativas, entre outros, permitindo, assim, que se chegue a um prognóstico e à melhor estratégia e/ou à abordagem terapêutica necessária (RIGONI; SÁ, 2016, 43).

No artigo já citado anteriormente, Anderson Frezzato e Ênio Brito Pinto defendem que a Igreja conceba o profissional da psicologia como o colaborador especialista para avaliar e ampliar o conhecimento sobre o formando, até porque não é próprio da capacitação dos formadores a habilidade para responder adequada e devidamente pelo trabalho diagnóstico da avaliação psicológica. O psicólogo, por sua vez, tem que estar em sintonia com as exigências éticas em relação à avaliação dos formandos, a partir de duas resoluções do CFP que norteiam o profissional sobre os métodos e técnicas que pode e deve usar. A resolução CFP 10/2009 entende a avaliação psicológica como "o processo técnico-científico de coleta de dados, estudos e interpretação de informações a respeito dos fenômenos psicológicos".

> Então, quando solicitado a dar parecer que envolve a avaliação psicológica de um formando, um dos cuidados que o psicólogo deve ter diz respeito aos instrumentos que usa e a como utiliza esses instrumentos. Clarear isso para si, para o formando e para o formador é dever ético, pois dá ao psicólogo confiança ao ocupar o lugar

do técnico que coloca seu trabalho a serviço de pessoas e da instituição. Esse cuidado dá também às pessoas envolvidas e à instituição a segurança necessária para que se compreenda que se está lidando com saberes científicos teoricamente bem fundamentados, e não apenas com boas intenções e boas intuições (FREZATTO; PINTO, 2016, 104).

Este serviço da psicologia clínica na atividade diagnóstica da avaliação psicológica tem se tornado cada vez mais comum no período inicial do processo de acompanhamento vocacional, antes mesmo do ingresso oficial nos seminários e casas de formação religiosa na Igreja no Brasil. O jovem vocacionado deve receber todas as ajudas possíveis, disponibilizadas pelos institutos religiosos e dioceses, para que seu discernimento em relação à decisão de seu projeto de vida seja muito bem confeccionado. Além dos instrumentais próprios dos programas de acompanhamento, como os encontros de formação, grupos vocacionais, orientações espirituais, retiros espirituais, experiências pastorais, as instituições têm estabelecido a realização da avaliação psicológica feita pelo especialista em psicologia como critério para o ingresso. Dessa maneira, a avaliação psicológica é bem situada como instrumento dos formadores e dos formandos, a fim de favorecer mais o conhecimento humano e de melhor acertar na elaboração do projeto vocacional, porque quanto mais amplo o conhecimento do formando sobre si mesmo, sobre a própria história, potenciais positivos e condicionamentos, maior a possibilidade de assertividade na escolha do caminho a assumir.

O laudo psicológico não pode ser utilizado de forma inadequada como ferramenta para identificação da presença ou ausência de vocação para a vida religiosa, levando ao grave risco de que esse parecer seja usado como justificativa isolada para determinar o ingresso do jovem à casa de formação. O fim ao qual se destina este instrumento é o favorecimento ampliado do conhecimento da pessoa, além da presença de algum sintoma psicopatológico que venha demandar um encaminhamento necessário. A ideia central é a de que quanto maior o conhecimento sobre si mesmo, adquirido pelo candidato em seu discernimento vocacional, maiores serão as condições de segurança para uma decisão mais assertiva em relação à realização do seu projeto pessoal. Segundo Noronha e Alchieri, a avaliação psicológica tem como dever proporcionar "informações cientificamente fundamentadas" (2004, 44), de forma a sugerir, orientar e facilitar a consistência no processo de decisão em alguma realidade específica, na qual exista a demanda de levar em consideração o funcionamento psíquico do indivíduo avaliado.

No sentido de favorecimento para uma decisão, vale a indicação de que a avaliação ocorra nesse período no qual o jovem está engajado nas análises e elaborações das suas motivações vocacionais, assim como das suas dúvidas e conflitos associados a esse tempo de consecução da sua opção de vida. Ressalta-se que esta mesma função de expandir o conhecimento sobre a estrutura e o desenvolvimento da personalidade do candidato é pertinente aos que compõem a equipe de acompanhantes do processo de discernimento dele. Quer dizer, o acompanhamento da equipe formativa precisa ser sempre mais alargado pelo acesso à estrutura e desenvolvimento da composição psicológica dos que estão em discernimento.

> É necessário, desde o momento em que o candidato se apresenta para ser recebido no Seminário, que o formador possa conhecer cuidadosamente a sua personalidade, as potencialidades, as disposições e os diversos tipos eventuais de feridas, avaliando a natureza e a intensidade (Or, n. 8).

Na prática, a avaliação psicológica é realizada preferencialmente no espaço clínico, no intuito de garantir as melhores condições possíveis relacionadas à neutralidade do ambiente e melhor controle das variantes que possam interferir no processo diagnóstico. Entretanto, este é um serviço que, diferentemente da psicoterapia que somente pode acontecer no âmbito da clínica, é possível viabilizar na própria casa de formação onde o jovem está sendo acompanhado. Para que seja fomentada maior garantia de assertividade nos resultados da avaliação, a prática sugere mais de um instrumento de pesquisa para este trabalho. Além do uso de teste psicológico, que pode ser mais de um, é pertinente e enriquecedor lançar mão do instrumento da entrevista e da anamnese, no intuito de ampliar o levantamento de dados, para efetivação do cruzamento destes entre si. É possível ainda a utilização de registros de observação de comportamentos obtidos individualmente ou por meio de processo grupal e/ou técnicas de grupo. Em conformidade com as constatações das práticas existentes entre profissionais da psicologia no Brasil, os testes psicológicos mais usados e apropriados são os projetivos de personalidade, pois atendem com maior segurança a demanda de perfilamento da personalidade, assim como a identificação de condicionamentos e de sintomas psicopatológicos. O tipo de entrevista mais indicada é a de característica aberta, devido à possibilidade de flexibilização das perguntas e pesquisas sobre temas e questões focais para formatação do laudo. A entrevista, conforme Casulo e Márquez (2003), se caracteriza como instrumento de avaliação que precede a qualquer modalidade de intervenção ou processo de tomada de decisões, além de garantir a adoção de um formato interativo, podendo se fazer presente numa permanente avaliação-intervenção.

Enfim, a avaliação psicológica objetiva um traçado do perfil do candidato no que diz respeito à sua estrutura psíquica, nos aspectos ligados ao seu desenvolvimento afetivo-emocional, sociabilidade, recursos intelectuais e à indicação de algum fenômeno psicopatológico. Outra característica importante desta avaliação é a de prognosticar a evolução do comportamento a partir dos dados levantados da composição do seu conjunto psicológico, bem como de realizar encaminhamentos para tratamentos como a psicoterapia, para a realização de avaliação psiquiátrica, entre outras possibilidades necessárias. É como bem descrevem Noronha e Alchieri, "a avaliação psicológica é um exame de caráter compreensivo efetuado para responder questões específicas quanto ao funcionamento psíquico adaptado ou não de uma pessoa durante um período específico de tempo ou para predizer o funcionamento psicológico da pessoa no futuro" (2004, 44).

Para o devido uso deste instrumental da avaliação, é necessário que a pessoa a ser submetida nesse processo tenha conhecimento dos fins aos quais se destina o trabalho, bem como a sua concordância em participar e autorizar a publicidade do resultado para a instituição requisitante da avaliação. Em *Orientações*, no item referente ao "Contributo da psicologia para o discernimento e a formação", a orientação explícita da Igreja para os formadores é a de que "para uma correta avaliação da personalidade do candidato, o especialista poderá recorrer a entrevistas ou a testes, agindo sempre com o prévio, explícito, informado e livre consentimento do candidato" (Or, n. 5). Afirma ainda, neste mesmo item, que os formadores não devem tomar o lugar dos especialistas na aplicação das técnicas psicológicas para a realização do trabalho de avaliação, "considerada a particular complexidade da questão, deverá ser evitado o uso de especializadas técnicas psicológicas ou psicoterapêuticas por parte dos formadores" (idem, ibidem). Aos responsáveis pela formação, dentro da casa formativa, todas as atribuições que lhes são devidas associam-se ao universo espiritual e teológico; e aos especialistas psicólogos cabe o uso adequado dos instrumentais psicológicos, com terapia e as avaliações psicológicas. No Brasil, o Conselho Federal de Psicologia tem disposto no § 1º do art. 13 da Lei nº 4.119/62 a restrição ao psicólogo do uso de métodos e técnicas psicológicas, com a seguinte descrição: "os testes psicológicos são instrumentos de avaliação ou mensuração de características psicológicas, constituindo-se um método ou técnica de uso privativo do psicólogo [...]".

Após as sessões para aplicação das técnicas que realizam o levantamento de dados sobre a pessoa, com a correção concluída e o laudo confeccionado, é realizada a sessão devolutiva para o indivíduo avaliado, com todos os esclarecimentos necessários e as orientações cabíveis que possam ajudar no desenvolvimento da sua maturidade e no seu processo de discernimento. Em seguida, é a vez do responsável da instituição requerente da avaliação receber o devolutivo, que pode ser feito com toda a equipe envolvida no esquema de acompanhamento. Conforme supracitado, de acordo com a devida autorização do jovem submetido à avaliação.

O devolutivo ao indivíduo avaliado e aos requerentes é garantido pelo próprio Conselho Federal de Psicologia pela resolução nº 6, de 29 de março de 2019, que institui regras para a elaboração de documentos escritos produzidos pelo psicólogo no exercício profissional, na seção V, que se refere ao "destino e envio de documentos", no Art. 16 : "os documentos produzidos pela(o) psicóloga(o) devem ser entregues diretamente ao beneficiário da prestação do serviço psicológico, ao seu responsável legal e/ou ao solicitante, em entrevista devolutiva". A própria Igreja, de forma oficial, está em sintonia com esta determinação de segurança, no tocante à socialização dos dados da avaliação psicológica, conforme descreve a *Ratio Fundamentalis*: "Depois de ter preparado o seu relatório, seguindo as leis civis vigentes, o perito deverá comunicar o resultado de seu trabalho diretamente ao interessado e exclusivamente às pessoas legitimamente autorizadas a conhecer tais dados em razão do próprio ofício." (RFIS, n. 195). Essa comunicação devolutiva ocorre por meio de dois procedimentos, um escrito e outro oral. É entregue um laudo psicológico por escrito tanto para a pessoa avaliada quanto para a instituição requisitante, um parecer de compreensão rápida e precisa, de acordo com o que orienta próprio Conselho Federal de Psicologia. Em seguida, é realizada a comunicação verbal por intermédio de uma ou mais entrevistas de devolução, conforme a demanda do contexto.

Com o laudo da avaliação psicológica em mãos, o candidato ou formando, assim como os acompanhantes e suas instituições, devem ter clareza da utilização adequada deste material em prol do processo de discernimento e formação. Para os dois públicos, tanto para os beneficiários da avaliação quanto para os solicitantes, a primeira postura é não conceber o laudo, de forma isolada e absoluta, como documento que se presta para definir sintomas vocacionais, fundamentando nesta forma distorcida e inapropriada a aprovação ou reprovação do candidato ao ingresso institucional ou à passagem de fase formativa. A avaliação pode até se caracterizar como mais um componente dentre outros que venham a colaborar nas tomadas de decisões, mas jamais deverá ser o único. Essas decisões, vale salientar, devem ser de total responsabilidade do formando envolvido e dos responsáveis institucionais. Para o uso devido dos conteúdos da avaliação, é importante que seja feito um trabalho para relacionar os dados do parecer com os dados já conhecidos sobre a pessoa, tratando-os não como meras "coincidências", mas, sim, como endosso e confirmação de aspectos que merecem uma atenção diferenciada na trajetória do acompanhamento. A avaliação também pode ser usada como fonte de pesquisa e apoio para os relatórios, análises, avaliações, decisões, assim como fonte para o acompanhamento formativo e direção espiritual. É importante depositar uma atenção especial à indicação de psicoterapia contida no parecer, ainda que para a sua realização não baste a indicação do profissional, pois deve haver, por parte da pessoa encaminhada, a vontade, a disponibilidade e o consentimento, assim como disposição e concordância da instituição na qual está inserida, caso o investimento financeiro seja responsabilidade dela. É preciso mais atenção e agilidade em atender às orientações relacionadas aos aspectos psicopatológicos identificados no laudo final, pois tal indicativo pode vir com alguma demanda de urgente intervenção. Por fim, no que se refere às orientações de bom uso da avaliação psicológica, vale a pena destacar a função psicopedagógica em todo decorrer da formação, na qual tais conteúdos registrados podem ser retomados quantas vezes forem necessárias para ajudar no processo de desenvolvimento da pessoa. É muito importante que ambos, acompanhado e acompanhante, jamais excluam a análise necessária dos aspectos saudáveis pontuados no laudo e que servem como ferramentas indispensáveis na consciência sobre as condições psíquicas favoráveis, para a integração positiva do desenvolvimento da personalidade e no uso delas para a superação das suas dificuldades.

    A avaliação psicológica não pode ser reduzida a uma mera emissão de laudo para descrever características da personalidade do formando, outrossim, tem que ser considerada como um instrumental valioso de condução para que o indivíduo envolvido neste processo vivencie uma experiência de amplitude do conhecimento de si mesmo, empoderando-o para lidar melhor consigo, com os outros, com as suas demandas de ajustes e com sua opção de vida. Além disso, é importante salientar a importância de que este material coletado e convertido em diagnóstico seja, nas mãos dos formadores, uma bússola para colaborar no processo de acompanhamento, e não um parecer de aprovação ou reprovação, nem tampouco uma ferramenta de decisões que justifique a responsabilidade de encaminhamentos e decisões que devem ser inerentes aos que coordenam o processo formativo. Todo o trabalho de avaliação deve promover no formando a motivação para o crescimento, abertura, disponibilidade e disposição para sentir-se comprometido com o desenvolvimento da sua maturidade.

Stephen Finn, especialista em avaliação da personalidade, desenvolveu um trabalho pioneiro com a técnica denominada "avaliação terapêutica", que é uma intervenção breve, baseada em evidências, que integra sistematicamente a avaliação psicológica com traços de uma psicoterapia. Em sua obra referencial de 2017, intitulada *Pela perspectiva do cliente: teoria e técnica da avaliação terapêutica*, Finn apresenta esta técnica considerando que a atitude esperada em relação ao objetivo do avaliador "é mais do que coletar informações que serão úteis para compreender e tratar o paciente. Na avaliação terapêutica, além disso, os avaliadores esperam fazer com que a experiência de avaliação seja positiva e ajude a criar mudanças positivas nos pacientes e nas pessoas que estão ligadas à vida deles" (FINN, 2017, 14). O termo "avaliação terapêutica" foi criado pelo autor no final da década de 1980 para demonstrar uma abordagem de avaliação psicológica que estava desenvolvendo com outros profissionais em Austin, no Texas. Nas palavras de Finn, em seu livro supracitado, ele narra o seguinte:

> Conforme os métodos clínicos e a teoria da Avaliação Terapêutica foram evoluindo, e à medida que meus colegas e eu ganhávamos experiência de trabalho com grupos diversos de clientes, eu me convenci de que havíamos encontrado uma maneira poderosa de causar impacto na vida dos clientes e ajudá-los com alguns problemas que eram persistentes em suas vidas. Também testemunhei (e soube por minha própria experiência) que a prática da avaliação psicológica dessa maneira aumentou a sabedoria, a compaixão e o desenvolvimento pessoal e profissional da maioria dos clínicos (FINN, 2017, 7).

Ainda segundo o autor, um universo significativo da Psicologia manteve um referencial tradicional

> em que a avaliação psicológica é vista como uma espécie de exame de sangue mais sofisticado. Existem as ferramentas, denominadas testes psicológicos, que podem ser usadas para "extrair" informações de um paciente. Depois disso, é possível colocar os dados em um computador, que os analisará e fornecerá uma interpretação que pode, então, ser utilizada para tomar decisões ou direcionar o tratamento (FINN, 2017, orelha).

Tal prática não condiz com boa parte dos profissionais que prestam esse serviço de avaliação de forma habilidosa, responsável e aliada às demandas do desenvolvimento do cliente, que trabalham inspirados e seguros de uma abordagem humanizada e não mecânica de avaliação psicológica. No entanto, ainda há quem, segundo o próprio autor, acredite que essas sejam exceções. O que o faz questionar:

> [...] quantos avaliadores você conhece que nunca dão devolutiva da avaliação para os clientes, ou que lhes enviam pelo correio um longo relatório padrão cheio de jargão técnico e outras expressões sem sentido? Historicamente, os objetivos da avaliação psicológica foram direcionados para atender às necessidades de profissionais de saúde mental: esclarecer um diagnóstico ou condição de saúde mental de um cliente, ajudar no planejamento do tratamento ou avaliar a eficácia de intervenções que já haviam ocorrido (FINN, 2017, orelha).

Enfim, o trabalho desenvolvido, sob a inspiração desta técnica, é fundamentado com o objetivo de manusear a avaliação para ajudar a pessoa envolvida de forma direta e preferencial, e não só indiretamente, como ocorre com a avaliação tradicional. A avaliação terapêutica proporciona condições favoráveis de incluir o sujeito de forma ativa no transcorrer de todo o processo, tornando-o responsável pelos objetivos a serem alcançados com a avaliação, com foco na possibilidade de proporcionar crescimento por meio do processo avaliativo, não sendo somente um parecer descritivo.

Este recorte para apesentar a técnica da avaliação terapêutica tem a intenção de apontar para a utilização desta perspectiva a partir de uma abordagem colaborativa – que envolva a pessoa do avaliado de forma ativa no processo – como uma proposta que bem se encaixa nas demandas de avaliação psicológica por parte dos institutos formativos para o sacerdócio e para a vida religiosa. Isso porque, mais do que uma avaliação clínica para pesquisa de traços psicopatológicos, ou mesmo sem objetivar a seleção de perfil profissional, a procura da avaliação por parte dos formadores se destina a um maior conhecimento do jovem para o ingresso da formação, como também para melhor acompanhamento humano já dentro da jornada formativa. Esse objetivo também inclui a potencialização desse mesmo jovem, para que se aposse mais e melhor do conhecimento sobre si mesmo, das suas qualidades e das suas demandas de ajustes, para um subsequente aporte em suas condições psicológicas rumo a uma forma saudável de opção de vida.

Dentro da minha experiência como especialista em avaliação psicológica, realizando esse trabalho em diversas casas de formação há mais de 33 anos, mesmo sem conhecer esta abordagem como técnica propriamente dita, já usava a maior parte dos padrões técnicos sugeridos no enquadramento da avaliação terapêutica, assim como ocorre com muitos profissionais da área da avaliação psicológica, como afirma Finn, em seu livro já citado.

> Ao focar as avaliações psicológicas nas expectativas pessoais dos clientes, tornávamos todo o processo de avaliação muito mais centrado nos clientes, o que parecia baixar a ansiedade deles, fazê-los participar ativamente da avaliação e despertar-lhes a curiosidade. Todos esses fatores pareciam aumentar o impacto terapêutico de nossas avaliações, mas, com o passar do tempo, fiquei mais convencido do valor de ajudar os clientes a terem curiosidade sobre seus problemas. Ao ajudar os clientes a formular perguntas, nós os convidamos a "vir" conosco, por assim dizer, para um "terraço panorâmico" com vista para a vida deles, de onde podemos começar a procurar por respostas juntos. Muitos clientes relatam que sentem alívio imediatamente depois de uma sessão de avaliação

inicial pelo mero fato de terem traduzido um turbilhão interno em perguntas concretas (FINN, 2017,20).

Por um determinado tempo não compreendia, quando reencontrava um seminarista ou formando, muitos até já formados, afirmando que jamais esquecera a terapia que havia feito comigo, mas que, na verdade, se referiam às sessões de avaliação psicológica. Passei aliviado da sensação incômoda de não lembrar dos clientes que tinham feito terapia comigo, para a satisfação de perceber o efeito terapêutico do processo avaliativo que essas pessoas vivenciaram com o meu trabalho. Fica evidenciado na minha prática profissional, até hoje, o quanto a modalidade de realizar avaliação psicológica promove o necessário e terapêutico empoderamento a partir do autoconhecimento para a necessária confecção do seu projeto de vida – trata-se do conhecer-se melhor para melhor lidar consigo e com as próprias decisões.

Passo a descrever o modo de proceder em relação ao trabalho que desenvolvo hoje no serviço da avaliação psicológica. A proposta se divide em quatro sessões individuais, preferencialmente em ambiente de clínica, fora da casa de formação, mas com a possibilidade de atendimento na própria instituição, nos casos em que se impõe essa necessidade. Entretanto, sempre reforço o cuidado com a disponibilidade de uma estrutura adequada, a fim de garantir os padrões exigidos para um serviço seguro eticamente, com um local acusticamente protegido, sem o risco de interrupções e outros detalhes para assegurar a autonomia profissional na consecução da tarefa. Ainda assim, ressalto a preferência pelo consultório, já bem aparelhado, seguro e autônomo para administrar melhor todas as possíveis variantes que possam surgir.

Das quatro sessões programadas, três são dedicadas à coleta de dados sobre o indivíduo e uma sessão final na qual é realizado o devolutivo da análise avaliativa. Nas sessões de levantamentos de conteúdos, são aplicados dois ou três testes projetivos de personalidade, de acordo com a necessidade do processo individual da pesquisa. Em cada uma das sessões são realizadas entrevistas semiestruturadas, em que há um roteiro flexível, aberto, através do qual a entrevista é conduzida para alcançar os subsídios necessários para a formulação do parecer conclusivo. Segundo Lins e Borsa (2017), com este modelo de entrevista semiestruturada, é possível maior liberdade para ordenar os quesitos de interesse específico, bem como organizar uma sequência favorável dos mesmos. Nessas sessões de coleta também é realizada uma atividade de relato da história pessoal, com o intuito de promover uma rememoração de fatos marcantes do avaliado que possam elucidar aspectos atuais da composição de sua personalidade. Essa tarefa é orientada na primeira sessão, para que a pessoa realize um exercício de elaboração mnemônica das vivências positivas ou negativas nas várias fases do seu desenvolvimento e nas diversas dimensões da sua vida, como acontecimentos familiares, escolares, religiosos, afetivos, profissionais e outros. A orientação é para que esse resgate seja espontâneo e não mecânico, em que a memória possa estar livre de sistematizações que impeçam os *insights* de fatos emocionalmente significativos. O levantamento é feito sem rigidez cronológica a fim de deixar que as memórias surjam da maneira mais livre possível. Na terceira e última sessão de pesquisa, esse relato é apresentado pelo próprio avaliado, com as associações que possam apresentar-se em sua pessoa atual, promovendo inclusive a identificação de elementos saudáveis da sua história, bem como experiências com impactos traumatizantes.

Vale salientar que os testes a serem utilizados são definidos em conformidade com o Sistema de Avaliação de Testes Psicológicos (SATEPSI), regulamentado pelo Conselho Federal de Psicologia através da resolução CFP nº 009/2018, para que haja a certificação de que os instrumentos escolhidos possuam parecer favorável para o uso profissional, com a devida validade, fidedignidade, normatização e padronização para a população brasileira.

No início da primeira sessão da avaliação, é apresentado o plano de trabalho, com as quantidades de sessões, os procedimentos de entrevistas, os testes a serem usados e sobre a sessão final devolutiva. No primeiro dia, também é feito o esclarecimento de que a avaliação objetiva a um traçado do perfil do formando no tocante à sua estrutura de personalidade, com destino principal de favorecer um conhecimento mais ampliado e sistematizado para a própria pessoa em avaliação, assim como para a instituição solicitante, a fim de que tal conhecimento facilite seu processo de amadurecimento e de discernimento em relação a sua opção de vida. Neste contexto inicial, é esclarecido que essa avaliação não pode ser usada como instrumento decisivo para definir o ingresso ou a permanência do indivíduo na instituição. Outro aspecto importante é a verificação do livre consentimento do avaliado para a realização do trabalho, pois, se assim não ocorrer, a avaliação não poderá ser realizada.

Ao final das três sessões de levantamento de dados, a pessoa em avaliação recebe um laudo psicológico, com a análise, prognósticos e orientações para a trajetória de crescimento, como também os encaminhamentos necessários para outras modalidades específicas de avaliação, como a clínica psiquiátrica, psiconeurológica e psicopedagógica, entre outras. Nesse laudo também é feita a indicação de acompanhamento em psicoterapia caso seja necessário. O devolutivo é realizado com a leitura de todo o laudo, com todos os esclarecimentos necessários, para, em seguida, ser entregue por escrito. Neste desfecho, o avaliado autoriza por escrito o devolutivo para a instituição, assim como a entrega do documento.

Para melhor aproveitamento desse serviço de avaliação, na entrevista devolutiva final, é lembrado ao avaliado o objetivo central do trabalho, que é a promoção de maior conhecimento sobre si mesmo, para melhor lidar com os seus potenciais positivos e com os seus condicionamentos em função da sua maturidade e segurança no estabelecimento da sua opção de vida. É sinalizado para que os dados do laudo que se relacionarem com o que já é conhecido pelo avaliando não devem ser absorvidos como coincidência, mas como endosso e confirmação de pontos que merecem atenção diferenciada. É esclarecido que o conteúdo apresentado no laudo, mesmo tendo a validade documental de um ano, pode ser concebido como referencial de acompanhamento de seu desenvolvimento por tempo indeterminado. Por fim, em relação à entrega do laudo psicológico, a condução na exposição dos dados descritos é realizada de forma cuidadosa, acentuando inicialmente os aspectos saudáveis e positivos, para depois abordar os dados que podem causar os impactos negativos; com o intuito de que ocorra o maior alcance possível de acolhimento por parte da pessoa avaliada e, consequentemente, melhor aproveitamento deste trabalho no seu crescimento pessoal.

> Ainda no que tange à entrevista de devolução, recomenda-se que se inicie abordando os aspectos mais sadios, adaptativos e/ou preservados da dinâmica de funcionamento de avaliando, para, em seguida comunicar aqueles que requerem maior cuidado, na medida e no ritmo em que possam ser compreendidos e tolerados (...), já sugerindo os encaminhamentos apropriados. Se realizado desta forma, acreditamos que o processo favorecerá a compreensão e a aceitação das indicações terapêuticas sugeridas pelo profissional (RIGONI; SÁ, 2016, 38).

Como desfecho deste subitem, segue o esclarecimento da regulamentação da aplicação da avaliação psicológica por meios de Tecnologias da Informação e da Comunicação (TIC), legalizada pelo Conselho Federal de Psicologia do Brasil, desde o ano de 2018, a partir da Resolução nº 11/2018. Nessa modalidade remota está prevista a avaliação, levando em conta o uso de testes psicológicos com padronização e normatização específicas para a modalidade *on-line*. Face aos desafios impostos pela pandemia do novo coronavírus (COVID-19), decretada pela Organização Mundial de Saúde (OMS) em 11/03/2020, foi imprescindível discutir questões atuais atinentes ao uso dos testes psicológicos, uma vez que o contexto nos convoca a tomadas de decisões para a prática profissional. A Comissão Consultiva em Avaliação Psicológica (CCAP) do Conselho Federal de Psicologia no Brasil, diante dos desafios impostos pela pandemia do novo coronavírus, publicou uma nota orientativa sobre o uso de testes psicológicos informatizados/computadorizados e/ou de aplicação remota/*on-line*, ainda que já houvesse uma regulamentação específica conforme citado anteriormente.

Segundo Marasca, Yates, Schneider, Feijó e Bandeira, a regulamentação da avaliação *on-line* possibilitou a amplitude de alcance do exercício da psicologia, o que "desempenhou um papel central na adaptação ao novo cenário de trabalho imposto pelas restrições da pandemia da COVID-19, indicando que esse formato tende a se expandir e consolidar" (MARASCA et al., 2020, 9).

2.3. O encaminhamento para psicoterapia

Infelizmente, ainda é corrente na sociedade em geral a ideia deturpada, que já deveria estar obsoleta, de que a pessoa, ao ser encaminhada para psicoterapia, certamente tem um distúrbio psicológico, gerando um estigma para o indivíduo, assim como para o próprio trabalho de ajuda psicológica. Trata-se, na verdade, do resultado da falta de conhecimento que promove o preconceito contra a doença mental, como se o transtorno psicopatológico não pudesse ser concebido no universo comum dos demais transtornos fisiológicos, com causas, tratamentos e superações. Na realidade das instituições religiosas, essa abordagem também é refletida, com o agravante relacionado ao estado vocacional em que se encontra o jovem formando ou o adulto religioso, obtendo muitas vezes o selo negativo de que, ao precisar da psicoterapia, a pessoa está em crise vocacional, há poucos passos para abandonar seu compromisso com a vida consagrada. Nesse ponto já é possível identificar uma das demandas importantes para o encaminhamento à psicoterapia, que é o suporte para ajudar no processo de discernimento vocacional, quando este se encontra comprometido por aspectos intrapsíquicos. A psicoterapia deve ajudar o candidato no reconhecimento e acolhimento das dificuldades ante a opção de vida, o que significa abraçar a verdade sobre si mesmo e realização pessoal, o que caracteriza a garantia de viver de maneira integral e autêntica a sua vocação.

O serviço da psicoterapia é ampliar o percurso individual para que a pessoa, em busca da sua verdade, possa tornar-se quem de fato é, realizando a passagem terapêutica do saber de si parcial ou distorcido para um campo mais favorável assentado pela conduta com maior amplitude consciente. Para tanto, Jung (2009) aponta a necessidade do trabalho que depende da própria pessoa, pois os terapeutas possuem seus complexos e seus pontos cegos, denominados pelo mesmo autor como "conteúdos sombrios" que podem comprometer a atuação profissional. Nesta perspectiva da psicologia junguiana, o acompanhamento em psicoterapia objetiva beneficiar o desenvolvimento psicológico da pessoa, sua conscientização por meio da "aproximação do próprio eixo do ego", favorecendo a experiência consciente da religiosidade e dos conteúdos agregados nesta vivência no discernimento vocacional. Isso é possibilitado pela ciência psicológica, a serviço das demandas de suporte aos candidatos ao sacerdócio e à vida religiosa, bem como aos próprios presbíteros e religiosos já em missão (NASCIMENTO; CALDAS, 2020).

Nas descrições dos autores Nascimento e Caldas (2020), a partir dos estudos de Jung em *A vida simbólica: escritos diversos* (2012), vale destacar que a postura da psicologia analítica ante o fenômeno da religiosidade, como expressão da fé e da espiritualidade, inerente à realidade humana integral, convida o profissional da psicoterapia a ser comprometido e responsável por sua ciência, a levar em consideração a vivência do que acontece de fato na estrutura psicológica do indivíduo e nas suas relações, ainda que "passíveis de conceituação científica" (NASCIMENTO; CALDAS, 2020, 87). Nas palavras do próprio Jung (2011), em seu livro "A prática da psicoterapia", escrito em 1957, ele defende que o psicoterapeuta não pode se deter restritamente à biografia pessoal do paciente, mas acessar as vivências espirituais da realidade em que se encontra inserido, onde ele intercambia com as "influências tradicionais e filosóficas que frequentemente desempenham um papel decisivo" (JUNG, 1957, vii-viii).

Segundo a psicóloga e psicoterapeuta Santos (2017), em seu texto *Vida religiosa e mulheres consagradas – Os caminhos da individuação feminina numa proposta Junguiana,* o processo psicoterápico é descrito na psicologia analítica de Jung como "individuação", que é usada para delinear o caminho de toda pessoa em direção à sua realização de vida. O próprio Jung, citado por Santos, conceitua a individuação como "tornar-se um ser único, na medida em que por individualidade entendermos nossa singularidade mais íntima, última e incomparável, significando também que nos tornamos o nosso próprio si-mesmo" (SANTOS, 2017, 17). Tendo ainda em conta o texto de Santos, a psicologia junguiana visualiza a crença no indivíduo com potencial para desenvolver uma "consciência autoavaliativa" (idem, 20), capaz de intercambiar com o social e, concomitantemente, assegurar a vivência da individualidade. Assim sendo, o processo é favorecido para objetivar a capacidade de discernimento, no intuito de decidir por qual estrada seguir com a própria vida – esta deveria ser a via comum para toda e qualquer opção vocacional.

Ainda embalado pela reflexão da autora citada anteriormente, citando Cencini (2007), toda formação para a vida religiosa, desde o seu início, precisa ofertar condições de liberdade e maturação, senão cederá ao risco de lidar com o indivíduo em formação com passividade, comprometendo seu desenvolvimento na "disponibilidade inteligente e responsável em relação à sua própria formação [...]" (SANTOS, 2017, 21).

Santos (2017), que vivenciou a vida religiosa como membro de uma instituição por sete anos, ao citar Colombero (2007), descreve, a partir da própria vivência, que é imprescindível a fomentação dos recursos internos para que o formando assuma com liberdade e autenticidade seu próprio caminho vocacional, caso contrário a pessoa convive com o perigo de tornar-se uma reprodução do estereótipo dos formatos de presbíteros ou religiosos determinados pela sua instituição, impedindo a realização do potencial pessoal de existência. Nesse sentido, é preciso a consciência de que a realização neste universo da vida religiosa tem que estar associada à conduta de levar sempre em consideração a humanidade da própria pessoa, dentro da expectativa de qualquer classe de indivíduo que possui a sua necessidade relacional, no meio social, nos relacionamentos de amizade, para a expressão dos seus sentimentos, como condições que são vetores de fortalecimento para o processo de individuação.

Essa concepção do serviço de psicoterapia como ajuda e suporte, para que a pessoa seja livre para assumir a sua opção de forma autêntica e assim garantir a via de sua felicidade, tem colaborado na possibilidade de evolução em relação à procura da psicoterapia, tanto da sociedade como um todo quanto da própria Igreja Católica. Tal evolução é demonstrada até de forma documental em várias das posições oficiais da Igreja a respeito do assunto, como a encontrada no documento *Orientações*, abordando "a solicitação de investigações especializadas e o respeito pela intimidade do candidato" (Or, n. 12), que sinaliza para o risco de interpretações distorcidas diante das decisões de ajuda psicológica, em que, muitas vezes, se compromete o bem-estar das relações entre formandos e formadores, interferindo nas motivações devidas e na forma de encaminhamento adequado que deve ocorrer com "abertura e transparência" (idem, ibidem). É preciso se resguardar do perigo de interpretar que a possibilidade de suporte psicológico se transforme no advento para um provável desligamento da Casa de Formação.

    A razão supracitada de encaminhamento e busca para a psicoterapia, associada às dificuldades com a opção vocacional, é uma das motivações mais comuns identificadas nas instituições formativas. Esta é uma descrição compartilhada por vários autores, como é o caso de Pinto (2013), cujo artigo intitulado "Reflexões sobre a psicoterapia para pessoas de vida consagrada" publicado na revista *Paróquias & Casas Religiosas*, aponta para tal questão como a segunda maneira mais comum de acionar a psicoterapia, ou seja, quando o formando ou religioso já formado tem dificuldades de administrar mudanças na sua trajetória vocacional, ante a consciência de que precisa realizar, mas não sabe como. O autor afirma que o que gera um incômodo significativo e repetido são situações da pertinência de sofrimento, angústia e mal-estar existencial que não é debelado por meios utilizados ordinariamente, "mostrando que não dá mais para postergar atitudes, para resolver solitariamente a angústia, somente conversar com amigos ou familiares, somente aconselhar-se com o padre, unicamente procurar um médico [...] ou medicamentos que apenas atenuam o sofrimento" (PINTO, 2013, 28).

    Ainda em relação à demanda associada ao discernimento vocacional, com suas necessidades associadas ao fortalecimento interno para encaminhar as mudanças identificadas e necessárias – assim como também de confirmação saudável e segura da própria opção de vida – torna-se apropriado indicar que o trabalho psicoterápico em tal circunstância deve oportunizar o aprofundamento em três aspectos fundamentais, que são a promoção do autoconhecimento, a vivência de acolher-se a si mesmo e a concepção de que a opção vocacional está intrinsecamente ligada ao sentido da própria vida. O primeiro aspecto do favorecimento do conhecimento que precisa ocorrer na psicoterapia se dá através da garantia, a quem está no tratamento, de que a trajetória rumo à realização pessoal e vocacional depende desse permanente exercício de conhecimento sobre si, da própria história, passada e presente, e das dificuldades que são comuns a todo ser em desenvolvimento.

A segunda dimensão que precisa ser trabalhada na psicoterapia é o acolhimento da realidade pessoal que está se manifestando no decorrer do processo terapêutico. Experimentar de forma ontológica e integral o acolhimento de si mesmo reforça, no conjunto psíquico, a condição favorável para uma saudável estruturação da autoestima, que é uma das principais condições para a estabilidade do processo de amadurecimento e segurança para as decisões. Assim sendo, a segurança pessoal pode promover, no decorrer da terapia, o melhor manuseio da crença nos próprios potenciais e afetos consigo mesmo, assegurando maior maturidade para poder lidar com as dúvidas existentes e encaminhar de modo mais assertivo as condutas necessárias para uma decisão vocacional. Caso não haja a prioridade de fomentar a autoconfiança, tanto no trabalho da psicoterapia quanto no acompanhamento realizado pela instituição, o indivíduo tende a depender de outras pessoas como fonte para suprir as suas inseguranças e inconsistências, excluindo-se facilmente de um processo que não pode pertencer a outro que não seja a ele mesmo.

Em relação ao terceiro aspecto, retomo outro trecho do meu artigo na revista *Itaici*, já citado anteriormente, no qual aponto para a afirmação de Frankl (1991), precursor da logoterapia, ao descrever que o indivíduo é conduzido pela trajetória da existência em direção ao sentido da vida, numa mobilização da "busca do sentido rumo à realização" (RODRIGUES, 2020, 35). Esse direcionamento serve como colaboração para que a pessoa em terapia não perca de vista a busca pelo sentido da vida, a fim de que as suas dificuldades e conflitos não se convertam em frustrações que podem promover um vazio existencial, como especificado na citação de Frankl (1991) destacada no artigo referenciado: "Não deixa de ser uma peculiaridade do ser humano que ele somente pode existir propriamente com uma perspectiva futura, de certa forma *sub specie aeternitatis* – na perspectiva da eternidade" (idem, ibidem).

> Pois somente alcança a realização pessoal, aquele que encontra a razão da própria vida, que se torna continente bem fundado para concretizar todos os seus sentidos, tornando assim a sua vida grandiosa, não pelo tanto de tempo que viveu, mas pela realização gerada por meio do sentido encontrado (idem, ibidem).

Retomando a ideia inicial deste subitem sobre as demandas para o encaminhamento à psicoterapia, além da questão do discernimento, há outro motivo comum, que são as dificuldades entre os colegas e formadores advindas das relações interpessoais dentro das casas de formação, assim como de outros intercâmbios sociais como, por exemplo, o ambiente pastoral e até mesmo a família. Tais relações são uma necessidade comum a todo ser humano, que nasce e cresce sempre na perspectiva de estar com o outro, de tender naturalmente a viver de encontros. Todo indivíduo é fruto de muitas histórias de vínculos, desde a concepção, passando pela educação, a vida presente, quando o crescimento existe a partir dos resultados de infinitas relações, consigo mesmo e com os outros. Quando a pessoa é atingida nessa dimensão, o seu desenvolvimento é, por consequência, também atingido. A proposta para trabalhar as relações interpessoais é que se parta do princípio de que a responsabilidade primeira para o ajustamento e bom aproveitamento das relações localiza-se na própria pessoa e não no outro. Não que o outro não tenha a sua responsabilidade no processo de intercâmbio, de contribuir para o sucesso daquele com quem se relaciona. Entretanto, o olhar para fora de si, no intuito de ver no outro a possibilidade primeira ou única para fomentar a relação, e até mesmo para encontrar um culpado ou resolver as dificuldades que possam existir, proporciona um distanciamento natural de um olhar para dentro de si mesmo. É a lógica de que quanto mais responsabilidade há no outro, menos há na própria pessoa. Daí pode se estabelecer uma dependência e acomodação de que a relação se desenvolva somente a partir do outro. Ao contrário, quanto mais a responsabilidade está próxima da pessoa, maiores são as possibilidades de alcance para encaminhar o bem-estar nos relacionamentos e as iniciativas para lidar com os desencontros. A proposta terapêutica é a de mudança de referenciais cujo ponto de partida das relações possa ser a própria pessoa, não o outro.

Pinto (2016), em seu artigo para revista *Pastoral* intitulado "O sentido da psicologia para a vida consagrada: considerações", expõe que, na sua experiência como psicoterapeuta no atendimento às pessoas de vida consagrada, uma das demandas mais comuns foram as que se associam com essas mesmas questões relacionais. O autor ainda afirma que, com resguardo das exceções, de uma forma geral, a vida religiosa necessita de maior investimento na saúde das relações interpessoais dentro das comunidades institucionais, "cuja falta acaba por ferir as pessoas que são mais sensíveis ou passam por períodos de maior sensibilidade ou mesmo suscetibilidade" (PINTO, 2016, 25). No mesmo artigo, segue, enriquecendo a reflexão, apontando para dois lados envolvidos nesta dimensão relacional e que precisam ser trabalhados: o lado da instituição e o lado do indivíduo envolvido pelo sofrimento. Do ponto de vista institucional, a postura mais necessária é a de não lidar com os desiguais de maneira igual, pois boa parte do mal-estar existente está nessa conduta inadequada que compromete a identidade dos membros do grupo, impondo a eles um modo de ser estranho à sua individualidade. Muitas vezes é estabelecida essa relação prejudicial que compromete a motivação vocacional, causando uma distância entre a vontade de se manter na instituição religiosa e a dificuldade do indivíduo em corresponder ao que é exigido, levando-o à ansiedade de se esforçar para ser alguém que não corresponde a sua verdade individual.

É comum a ocorrência dessa realidade no *setting* terapêutico, que aparece para o psicólogo como uma demanda associada à crise existencial que está gerando um problema vocacional, de inadequação com a vida que o formando está escolhendo para si. Tal leitura reducionista pode facilmente fazer com que formando e formador cheguem apressada e injustamente à conclusão de que a pessoa não tem vocação para vida consagrada, porque não está se encaixando de forma integral nos enquadramentos institucionais. Segundo Massih (2014), o acompanhamento psicoterápico precisa ajudar o jovem em formação a acolher os próprios limites e ajustar a idealização da imagem do religioso de forma a aproximá-la de sua realidade concreta. Assim, é possível estimular a concepção de que as mudanças têm que acontecer pela consciência e envolvimento do próprio formando, o que também vai gerando autonomia e empoderamento para dar prosseguimento ao processo vocacional. A perspectiva de promover a reflexão para o jovem acompanhado, como instrumento para se perceber com profundidade sobre a maneira de lidar consigo, ajuda diretamente de uma forma mais construtiva nas inter-relações dentro da sua comunidade formativa. Massih (2014), num relato de acompanhamento em psicoterapia de jovens postulantes à vida religiosa, confirma tal assertiva destacando que o trabalho reflexivo proporciona aos que estão em formação "a medida das virtudes" (MASSIH, 2014, 177), o que promove a intercomunicação facilitada. Desse modo, especificamente na questão da relação entre passividade e atividade, submissão e prepotência, orgulho e humildade, é possível constatar que os formandos podem alcançar a capacidade de olharem para si mesmos de maneira crítica, vivenciando a obediência evitando a submissão, além da possibilidade saudável de lidar com a hierarquia ajustada e adequada. Os que se encontram em formação no instante em que experimentam o contato com o seu "ser-pessoa-hoje" (idem, ibidem) visualizam com maior clareza a aptidão para o intercâmbio com o meio social externo a quem se destina suas ações religiosas.

Uma terceira demanda também muito comum nos encaminhamentos para psicoterapia, dentro do universo da formação para vida religiosa, está relacionada às questões da área da sexualidade. De fato, esta é uma preocupação assumida pela Igreja para com os seus candidatos e formandos, e, por que não dizer, com seus membros de forma geral. Sob a inspiração de Santo Tomás de Aquino, em sua obra *Suma teológica*, que nos propõe a ideia da graça que supõe a natureza humana, é preciso considerar o suporte no intuito de trabalhar a estrutura da pessoa nos seus aspectos psicológicos para que a experiência religiosa individual possa acontecer da melhor maneira possível – a crença na vivência com o sobrenatural não dispensa o natural, mas, antes, pressupõe-no. Antes mesmo do encaminhamento para a psicoterapia motivado por essa dimensão sexual, a concepção tomasiana precisa ser vivenciada dentro do processo formativo como uma máxima que facilite a todos lidar com o tema sob o prisma inicial da humanidade. É imprescindível que o tabu ainda existente dentro da vida religiosa, assim como na sociedade em geral, não faça predominar um olhar negativo sobre o componente da sexualidade, como se fosse uma realidade a ser tratada à força repressiva e existisse algo dentro de cada um a ser vencido, como um inimigo num campo de batalha ameaçando o tempo todo a boa vivência da castidade. A bem da verdade, é deste conflito interno, da luta contra si mesmo, que surgem as demandas para o trabalho em psicoterapia, em especial as que se associam com a necessidade de bem lidar com os impulsos sexuais e o mal-estar com a identidade sexual. A ajuda terapêutica pode proporcionar um aprofundamento maior para o conhecimento do desenvolvimento e estrutura da sexualidade do indivíduo, favorecendo a aceitação da sua realidade e gerando recursos pessoais para que se estabeleça um convívio saudável de integração da sexualidade com as aspirações para vida celibatária na vocação à vida religiosa.

No documento *Orientações*, supracitado neste mesmo subitem, a Igreja chama a atenção para que o trabalho de acompanhamento, tanto na fase inicial como no decorrer de toda a formação, tenha o devido cuidado com os valores seculares e distorcidos que influenciam a formação humana desses jovens que buscam a vocação sacerdotal e religiosa. Dentre outras ideias, estão as "visões erradas da sexualidade", responsáveis por comprometer o potencial positivo de prosseguir na via formativa para a realização pessoal na vocação religiosa.

Entre os candidatos podem-se encontrar alguns que provêm de experiências particulares – humanas, familiares, profissionais, intelectuais, afetivas – as quais, de várias maneiras, deixaram feridas ainda não curadas e que provocam distúrbios, desconhecidos no seu real alcance pelo próprio candidato e, frequentemente, por ele atribuídos erroneamente a causas externas a si, sem ter, portanto, a possibilidade de enfrentá-los adequadamente (Or, n. 5).

Ao ingressarem nos institutos de formação, os jovens já trazem essa carga que pode distorcer e dificultar o convívio pessoal com a sua vivência afetivo-sexual. De sorte que a influência não é somente negativa, pois muitos trazem consigo saudáveis experiências com a família, grupos eclesiais, amigos e relacionamentos afetivos que contribuíram positivamente no bem-lidar com a dimensão da sexualidade. As casas de formação são responsáveis pela promoção de um ambiente e acompanhamento que favoreçam o necessário usufruto dessas influências positivas advindas com esses jovens. Além disso, os formadores podem lidar com segurança, serenidade e respeito com o processo que cada um percorre, ante os sinais de dificuldades e conflitos. O primeiro e mais importante espaço de crescimento tem que ser a instituição formativa, com seus recursos possíveis para proporcionar as melhores condições para a integração da sexualidade. A demanda de investimento no amadurecimento afetivo-sexual não pode ser concebida como uma tarefa exclusiva dos especialistas fora da comunidade formativa, ao contrário, precisa ser concebida como uma ação intrínseca ao processo de formação dentro do instituto. A partir daí, somente quando seus limites extrapolarem, e já com os riscos de sofrimento psíquico aparente, a formação partiria para o devido encaminhamento profissional rumo ao suporte em psicoterapia. Nesse sentido, o documento há pouco citado, em relação às dificuldades especiais no processo formativo, defende a busca da ajuda profissional psicológica como apoio para suplantar as dificuldades dos formandos, desde o início do trajeto admissional, incluindo as demais etapas formativas.

No âmbito da afetividade, a maturidade afetiva do formando é o ponto fulcral para a educação e vivência de um amor autêntico e responsável, tendo-o como objeto central da realidade humana na sua totalidade, ou seja, englobando-o física, psíquica e espiritualmente. A compreensão realista do amor como realidade central da pessoa é o que permite ao ser humano realizar a sua vocação na perspectiva da sexualidade, de forma a gerar pertença e expressá-la por meio da fidelidade (SILVA, 2022, 39).

Para garantir o encaminhamento adequado ao serviço em psicoterapia, não basta o reconhecimento da necessidade explícita; isso depende, de forma imperativa, da vontade e consentimento do formando envolvido na decisão para o tratamento. Tal disponibilidade para a psicoterapia é condição indispensável para que ocorra de fato o processo, pois a terapia não pode servir para atender às demandas diretas de outros, a não ser as da própria pessoa que se dispõe para o trabalho. Até o direito canônico, que rege as orientações legais da Igreja Católica, garante que, se o candidato recusa uma ajuda psicológica, de maneira alguma a instituição formativa poderá obrigá-lo a aceitá-la. O próprio cân. 1052 § 1, que protege o formando, ressalta que seja utilizado o discernimento adequado para que essa demanda seja conduzida de forma prudente. Caso não seja respeitada a vontade do formando encaminhado para o trabalho psicológico de forma inadequada, a assistência profissional está predisposta ao fracasso já no início do processo. Segundo Pinto, quando a pessoa chega à terapia forçada pela obediência, ou por outra razão que a obrigue a isso, ela pode desencadear três condutas "que praticamente inviabilizam a utilidade de qualquer processo psicoterapêutico: o cálculo de riscos, a resignação passiva ou a ampliação da má vontade" (PINTO, 2016, 22). Em contrapartida, existe também o aproveitamento da recomendação ou obrigatoriedade para o suporte psicológico, em que é possível converter o encaminhamento impróprio em oportunidade de investimento na maturidade e crescimento. Para aqueles que acionam a psicoterapia a partir da consciência pessoal da importância deste instrumento, a perspectiva é favorável aos resultados desse trabalho. Pinto afirma também que "o desejo e a necessidade de mudanças estão mais próximos da consciência e são importantes motivadores para a aventura de autoconhecimento e de retomada do crescimento que constitui, em última análise, o processo psicoterapêutico" (idem, ibidem).

O autor supracitado ainda ressalta que não pode ser função do psicólogo convencer a pessoa encaminhada para terapia da necessidade e utilidade do trabalho. O encaminhamento adequado tem de estabelecer a sua fonte na instituição, através da pessoa do formador, responsável por uma comunicação objetiva, verdadeira, transparente e que respeite a compreensão e a vontade da pessoa a ser encaminhada. O acompanhante precisa conduzir a possibilidade do apoio psicológico, proporcionando meios para que seu acompanhado absorva a proposta com liberdade e com o espírito de comprometimento para que o trabalho se torne algo que é seu e necessário para a sua trajetória de desenvolvimento das suas condições humanas. Para que a psicoterapia aconteça sob um chão apropriado que favoreça a amplitude na descoberta de si, a motivação para o convite ao trabalho de ajuda não pode ser a obediência, mas sim a estimulação para a consciência da necessidade que promova a própria escolha livre e disponível daquele que irá vivenciar o tratamento. Assim sendo, o "esclarecimento e a paciência" (idem, 24) precisam ser as vias mais indicadas para substituir a imposição na conduta para encaminhar alguém para o acompanhamento psicoterapêutico.

Nesta circunstância, cabe sim ao profissional psicólogo, dentro do seu limite ético, tratar das possibilidades de benefícios e dificuldades dentro de uma psicoterapia, até mesmo para colaborar na decisão autônoma do indivíduo de vivenciar ou não o processo. É como bem expressa Pinto: "o terapeuta ético não é um vendedor de seu trabalho, mas um profissional que conhece as possibilidades e limitações de seu instrumento e confia em sua utilidade nas situações em que ele é escolha pertinente" (idem, ibidem).

No intuito de concluir este subitem, vale destacar a cautela imprescindível para que não aconteça a tentativa, por parte dos formadores, de realizar o acompanhamento vocacional, ou direção espiritual, nos moldes de uma psicoterapia. Ainda que o formador ou diretor espiritual seja psicólogo, a função que se destina às atividades formativas não corresponde ao propósito da psicoterapia. Da mesma forma, são diferentes também as relações que se estabelecem entre as pessoas do formando e do formador, bem como o espaço adequado para o *setting* terapêutico, mesmo que os resultados para ambas possam proporcionar o efeito terapêutico. Em relação ao psicólogo, possuidor de uma formação e/ou experiência pessoal religiosa, pode ocorrer, na terapia, que a sua postura profissional necessária se confunda com suas convicções e intuições religiosas. Conforme Aletti (2008), em seu artigo intitulado "Atendimento psicológico e direção espiritual: semelhanças, diferenças, integrações e... confusões", publicado na revista *Psicologia: teoria e pesquisa*, para o acompanhamento no âmbito religioso, por meio da direção espiritual ou acompanhamento vocacional, o objetivo principal do trabalho é o amadurecimento da fé, que, no caso de quem vivencia a demanda do discernimento vocacional, segue um direcionamento específico de conhecimento das facilidades e dificuldades que compõem o percurso da opção de vida para o sacerdócio e para consagração nos institutos religiosos. Já na psicoterapia, ainda segundo o mesmo autor, o fim ao qual se destina o processo é o de responder ao pedido de ajuda da pessoa que experimenta certo mal-estar relacionado às próprias condições psíquicas, não só às reações pessoais ante situações novas ou tensões em ter que corresponder às expectativas do meio social, como também às dificuldades relacionadas à sua identidade.

Trata-se de uma diferenciação fundamental a ser feita entre as atividades de acompanhamento espiritual e psicoterapia, pois ambas trazem, em suas dinâmicas de consecução, aspectos similares que podem desembocar em confusões e prejudicar o alvo que precisa ser atingido. Vale o apontamento da citação de Mercês (2012), quando afirma que uma das principais similaridades é que ambas as atividades se caracterizam como uma relação de ajuda que se apoia na escuta e no acompanhamento daquele que procura o serviço, para alcançar, numa perspectiva ontológica, um mesmo fim, que é promover condições favoráveis para o desenvolvimento da pessoa. Para a psicologia, dentro do instrumental da psicoterapia, a relação de ajuda precisa ter bem definido o sentido de desenvolvimento da pessoa, que é a condução dela à compreensão e à mobilização para lidar com a realidade pessoal, incluindo o reconhecimento dos seus potenciais e o acolhimento das suas limitações. Trata-se do trabalho de promover o suporte necessário para que o indivíduo em terapia se torne progressivamente empoderado para conviver de maneira saudável consigo mesmo, com os outros e com os seus projetos de vida. No acompanhamento espiritual e vocacional, a relação de ajuda também existente vai trabalhar com as questões existenciais do acompanhado, porém com um objetivo bem destacado, que é o apoio na construção do seu caminho de crescimento espiritual. Neste sentido, o acompanhamento espiritual ajusta a "experiência de fé com a compreensão das complexidades do existir humano [...], como uma relação em que se dá o desenvolvimento de aptidões e potenciais de enfrentamento, por parte do aconselhado, tendo sempre em vista seu crescimento espiritual" (MERCÊS, 2012, 67).

Para Santos (2020), em conformidade com os *Exercícios espirituais*[1] de Santo Inácio de Loyola, escritos em 1548, as dimensões psicológica e espiritual coexistem de forma superposta, em que "o psicológico está mergulhado no espiritual e o espiritual no psicológico" (SANTOS, 2006, 74). Isso significa dizer que o suporte ao universo espiritual da pessoa precisa conduzi-la à consciência de como sua experiência religiosa interfere em suas condições psicológicas, reforçando, no desempenho do diretor espiritual, a competência de ofertar no trabalho de acompanhamento os meios próprios espirituais com o fim bem definido de contribuir para o discernimento pessoal. Nas palavras de Santos (2020), "a direção espiritual tem em seu bojo ajudar o outro a encontrar uma integração de sua humanidade" (SANTOS, 2006, 75), ou seja, o objetivo primordial da direção e acompanhamento espiritual é transportar o indivíduo ao nascimento para si mesmo,

---

1. Loyola, Inácio de. Exercícios espirituais, São Paulo: Edições Loyola, ¹⁴2015.

gerando consciência em relação à própria "condição existencial e espiritual" (idem, ibidem).

Em seus escritos sobre *Psicologia da religião ocidental e oriental* (1988), Jung descreve que, na via da busca pela ajuda espiritual, o diretor espiritual pode oferecer a real possibilidade de crescimento humano, dentro da tarefa do desenvolvimento dessa dimensão. Assim sendo, Jung distingue a ação do psicoterapeuta e do diretor espiritual, afirmando que a psicoterapia propõe ao paciente o confronto com seus problemas vitais, fundamentais e decisivos, com os quais não conseguia lidar de forma saudável. Noutra perspectiva, a da direção espiritual, a pessoa tem uma expectativa que extrapola o espaço clínico terapêutico ("uma resposta médico-clínica"), que é uma resposta religiosa.

No trabalho com a psicoterapia, é unânime afirmar que é imprescindível, até como postura ética e não só técnica, permitir a plena manifestação da experiência religiosa no espaço terapêutico, sem nunca impor as próprias crenças ou visões de mundo. O psicoterapeuta jamais pode julgar as crenças dos seus pacientes, mas ajuda-los a reconhecer vivências religiosas maléficas para melhor lidar com o seu processo de desenvolvimento. É necessário o respeito ao paciente, às crenças que guiam sua vida e esperanças, concebendo as práticas religiosas positivas como potencializadoras em sua recuperação. Do mesmo modo, é função da psicoterapia facilitar o processo de autoconhecimento e autonomia na integração com a dimensão espiritual.

No livro, *Entre necessidade e desejo: diálogos da psicologia com a religião*, organizado por Geraldo José de Paiva, o jesuíta e psicanalista Antoine Vergote, referência mundial no campo da Psicologia da Religião, descreve que, para os profissionais da área de saúde psicológica, a religião traz riscos iminentes para o bem-estar mental, ideia identificada na primeira metade do século XX, mas que ainda hoje é possível encontrar a preservação desta mesma concepção, por meio de argumentos de que "os delírios religiosos, a culpabilização da sexualidade e as neuroses coletivas de culpa que dela resultam" (VERGOTE, 1983, 19), como também a motivação para as vivências, "suspeitas e perigosas como visões e aparições" (idem, ibidem). Por outro lado, segue afirmando Vergote, há profissionais que concebem a religião como necessária para a saúde mental, com duas tendências distintas a serem conhecidas:

Primeiramente aqueles que dão argumentos religiosos. Existem crentes (*croyants*) que consideram ilegítimo do ponto de vista da fé, separar a fé e o trabalho da psicologia clínica. Diz-se que as doenças psicológicas são doenças da alma; portanto essas doenças são religiosas na raiz, e é preciso que a cura seja operada conjuntamente por Deus e pelo terapeuta. No cristianismo foram essencialmente grupos calvinistas que defenderam essa tese teológico-psicológica. Hoje em dia alguns católicos nos Estados Unidos retomam essas ideias e as desenvolvem no que chamam de "psicoteologia". A necessidade da religião para a saúde mental é aqui afirmada com base nas convicções religiosas. Em segundo lugar, a tendência dos que apresentam argumentos psicológicos. O que mais nos interessa aqui é que existem também terapeutas que afirmam essa necessidade com base em argumentos psicológicos (VERGOTE, 1983, 19).

Vergote ainda aponta para a importância de recuperar o ser "em sua unidade e apoiar a terapia numa visão global do homem. Ora, é a religião que pode oferecer essa visão global do mundo e que também ajuda a fazer que o homem reencontre a unidade com a natureza" (idem, 20). O autor, inspirado na teoria junguiana, descreve que a cisão "ocidental moderna entre a razão e as potências da alma (imaginação e afetividade) é a causa de muitas psicopatologias" (idem, ibidem), bem como "os ritos e as imaginações mitológicas das religiões" (idem, ibidem) são elementos indispensáveis na recuperação da unidade existencial do indivíduo, e, assim, da sua própria condição de saúde psíquica. Mesmo sem afirmar uma necessidade da religião, Vergote cita que Freud veio a considerar a vivência religiosa, de formas diversas, como um importante fator a favorecer a saúde mental. "Oferecendo ritos de confissão, diz ele, a religião poupa a muitos homens uma neurose de angústia de culpa [...]. No estudo clínico 'O homem dos lobos', Freud sublinha que a educação religiosa do rapaz, dando-lhe sua moral e o modelo de Jesus Cristo, ajudou-o em muito a superar sua neurose precoce" (idem, ibidem).

Na clínica psiquiátrica, para Viktor Frankl, não cabe ao psiquiatra tentar incutir no paciente esta ou aquela ideia religiosa, mas pode, legitimamente, utilizar-se das convicções religiosas daquele que está a seus cuidados para produzir efeito terapêutico. O posicionamento da Associação Mundial de Psiquiatria (WPA) sobre espiritualidade e religiosidade em Psiquiatria defende que os profissionais têm de considerar as crenças e práticas religiosas dos pacientes, como um componente essencial da coleta da história psiquiátrica. A abordagem deve ser centrada na pessoa. Psiquiatras devem sempre respeitar e ser sensíveis às crenças e práticas religiosas de seus pacientes, assim como das famílias e cuidadores de seus pacientes.

Por fim, tanto a tarefa de acompanhamento espiritual quanto vocacional se aproximam do trabalho clínico da psicoterapia, em especial no tocante a "estabelecer como marco referencial a realização da pessoa que busca este serviço profissional" (RODRIGUES, 2020, 35), como descrevo em meu artigo na revista *Itaici*. Ainda seguindo na referência deste artigo, ante a natureza da relação de ajuda, o acompanhamento espiritual/vocacional coincide com a finalidade da psicoterapia, porque intenciona conduzir a pessoa na mesma perspectiva de completude ao descobrir o caminho que realiza o sentido da sua vida e tê-lo como opção. Desse modo, o alvo ao qual se destina a direção espiritual/vocacional pode até não ser o psicoterápico, mas, quando desenvolvido de tal forma assertiva, passa a promover resultados terapêuticos, assegurando "condições suficientes para encaminhar a sua opção de futuro *linkado* ao sentido da sua vida como garantia da sua realização" (idem, ibidem).

2.4. Espiritualidade e Religiosidade – diferenças e aproximações

A composição deste subitem deve-se à importância de esclarecimentos sobre as diferenças e aproximações entre as concepções de espiritualidade e religiosidade, inclusive para a compreensão teórica que fundamenta a segurança de atuação, tanto para o psicólogo no trabalho de suporte à formação humana quanto para o formador na sua tarefa de acompanhamento espiritual e vocacional.

O psicólogo e professor Ênio Brito Pinto, em seu artigo intitulado "Formação e personalidade: conceitos e orientações", publicado pela *Revista Espaços*, adentra nesse tema das diferenças da espiritualidade e religiosidade, a partir do estudo da personalidade, nas suas mais diversas teorias, tratando fundamentalmente da pessoa como um todo e das diferenças individuais. Com isso, a ideia é compreender o comportamento humano através da maneira como cada indivíduo funciona na interação dos diversos aspectos que compõem seu todo, seu jeito complexo de ser. Um adequado processo de formação precisa considerar algumas dimensões fundamentais: "cada pessoa tem seu jeito próprio de ser e de aprender; cada época traz novas exigências educacionais; cada situação didática apresenta desafios renovados" (PINTO, 2009, 63). Essas questões remetem à ideia de que não se deve tratar de modo igual os desiguais. Ainda no artigo supracitado, o sistema/personalidade tem, essencialmente, duas partes que são estrutura e processo, que se caracteriza por ser um complexo relacionamento entre estas duas dimensões. "A estrutura da personalidade é o que se repete. São os padrões reincidentes, são componentes da organização da personalidade relativamente estáveis, usados para explicar as semelhanças reincidentes e consistências do comportamento ao longo do tempo e através das situações" (idem, 69). Ênio Brito segue em seu artigo afirmando que a estrutura é a responsável pela possibilidade de previsibilidade na existência de cada indivíduo e que viabiliza também o autoconhecimento. Numa relação direta de comunicação com a estrutura está o processo, o outro componente do sistema/personalidade. "Processo é o que se inova e se renova, é o criativo, espontâneo, momentâneo e circunstancial. É o inesperado, o surpreendente. O processo traz a possibilidade da surpresa, da inovação, da aventura e pode provocar mudanças em aspectos da estrutura" (idem, ibidem).

Na perspectiva teórica apresentada nesse artigo, é possível relacionar que a espiritualidade é ESTRUTURA e a religiosidade é PROCESSO. É o que afirma o mesmo autor em outro artigo, "Espiritualidade e religiosidade: articulações", escrito para a *Revista de Estudos da Religião – Rever*. Espiritualidade e religiosidade são temas próximos, mas indicam fenômenos diferentes.

Se a espiritualidade é inerente ao ser humano, a religiosidade não o é, uma vez que se há pessoas "arreligiosas", não é possível uma pessoa não-espiritual. Se a espiritualidade é parte integrante da personalidade, a religiosidade é parte acessória, embora importante para a maioria das pessoas, especialmente, mas não unicamente, por ser precioso meio de inserção comunitária e cultural (PINTO, 2009, 72).

A vivência da religiosidade pode ser concebida como uma experiência pessoal e única da religião, ou seja, "a face subjetiva da religião", como afirma Edênio Valle, padre e psicólogo, referência importante no Brasil no que se refere aos estudos da Psicologia da Religião. Ênio Brito Pinto segue, no mesmo artigo já citado anteriormente, afirmando:

> A religiosidade pode ser uma maneira da espiritualidade se manifestar, mas não é a única maneira, ou seja, do mesmo modo que há pessoas de intensa religiosidade e pouca espiritualidade, há pessoas de nenhuma religiosidade, como um ateu ou um agnóstico, por exemplo, que podem manifestar uma intensa espiritualidade. Em outros termos: a religiosidade implica uma referência ao transcendente, ao passo que a espiritualidade implica uma referência ao sentido (idem, 74).

No encontro entre a espiritualidade e a religiosidade, a pessoa se pergunta sobre o sentido último da existência. A espiritualidade, por si só, busca "o sentido para a existência na existência" (idem, ibidem), e isso não significa fazer afirmações sobre o sentido último, que é uma inquietação maior da religiosidade. É na espiritualidade que se encaminha a busca do sentido para a vida, e "no encontro com a religiosidade esta busca abarca também o além da vida, o último" (idem, ibidem).

Para outro autor da *Psicologia da Religião no Brasil*, José Paulo Giovanetti, citado por Amatuzzi, no livro *Psicologia e espiritualidade*, o termo "religiosidade" "implica a relação do ser humano com um ser transcendente", ao passo que o termo "espiritualidade" "não implica nenhuma ligação com uma realidade superior" (AMATUZI, 2005, 136). Para Giovanetti, a espiritualidade significa a possibilidade de uma pessoa mergulhar em si mesma, "o termo 'espiritualidade' designa toda vivência que pode produzir mudança profunda no interior do homem e o leva à integração pessoal e à integração com outros homens" (idem, 137). A espiritualidade tem relação com valores e significados: "o espírito nos permite fazer a experiência da profundidade, da captação do simbólico, de mostrar que o que move a vida é um sentido, pois só o espírito é capaz de descobrir um sentido para a existência" (idem, 138).

Para Valle (1998), a espiritualidade não se coloca em modo contrário ao corpóreo, nem rejeita a natureza, nem tampouco se refere à fuga do mundo – ao contrário, está "encarnada na vida de cada pessoa e sua época; expressa o sentido profundo do que se é e se vive de fato; assume o corpo e permite que o homem ultrapasse o nível biológico e emocional de suas vivências, mesmo das mais elevadas e sublimes" (VALLE, 1998, 102).

Os psicólogos Nilvete Soares Gomes, Marianne Farina e Cristiano Dal Forno, no artigo sobre "Espiritualidade, religiosidade e religião: reflexão de conceitos em artigos psicológicos", publicado na *Revista de Psicologia da IMED*, endossam que a "espiritualidade é a dimensão peculiar de todo ser humano e o impulsiona na busca do sagrado, da experiência transcendente na tentativa de dar sentido e resposta aos aspectos fundamentais da vida" (FARINA; FORNO; GOMES, 2014, 109). Os autores descrevem que a espiritualidade não é propriedade particular das religiões ou de algum movimento espiritual, mas faz parte da estrutura humana, como uma "dimensão que eleva a pessoa para além de seu universo e a coloca frente as suas questões mais profundas, as que brotam da sua interioridade, no anseio de encontrar resposta às perguntas existenciais: De onde vim? Para onde vou? Qual é o sentido da minha vida? Que lugar eu ocupo neste Universo? Que propósito tem minha vida? Por que aconteceu isso comigo?" (idem, ibidem). A própria Organização Mundial de Saúde (OMS), no ano de 1988, concedeu importância à espiritualidade no que se refere à saúde integral do indivíduo, e incluiu "a dimensão espiritual no conceito multidimensional de saúde, referindo-a àquelas questões de significado e sentido da vida e não a restringindo a nenhum tipo específico de crença ou prática religiosa" (idem, ibidem).

O alcance do entendimento e discernimento na distinção entre a espiritualidade e a experiência religiosa, como estrutura e processo, fomenta na atuação do psicólogo, assim como do formador ou orientador espiritual, a segurança de enxergar melhor o caminho a ser trilhado numa relação de ajuda, incluindo os limites ao apoio de acompanhamento, à avaliação e à intervenção. Para Aletti, num artigo citado neste mesmo capítulo, no caso da psicologia, encontra-se dentro dos seus limites como ciência "reconhecer na mente do crente apenas as pegadas e o desejo de Deus, não a realidade daquele que as deixa. A psicologia permite colher os significados e as valências psicológicas dos símbolos, crenças e ritos religiosos" (ALETTI, 2008, 119).

Os conteúdos que vão para além do possível observável empiricamente não podem se tornar para a psicologia alvo de especulação, "nem critério de explicação do comportamento humano" (idem, ibidem). Entretanto, segue Aletti, no mesmo artigo, afirmando que o profissional da psicologia não deve ignorar a "convicção subjetiva do crente", isto é:

> Do fato, observável empiricamente, de que esse sabe que Deus opera nele e essa convicção orienta também seu relacionamento com Deus, seu modo de ser religioso. Certamente, por exemplo, ter fé no Deus de Jesus Cristo é coisa bem diversa (também psicologicamente diversa) de uma genérica crença numa força primordial que origina o mundo (idem, ibidem).

CAPÍTULO 3

A formação dos formadores

> Um formador que pensa que já não precisa ser formado se torna arrogante, autoritário, indiferente às questões positivas e negativas do outro, é sempre um desastre na vida dos que desejam seguir o caminho da vida presbiteral.
>
> (Eliseu Wisniewski, *Os desafios morais de uma empreitada*, 2019, 7)

Cada vez mais tem se tornado uma realidade comum nas casas de formação, nas dioceses e nos institutos para a vida consagrada a presença de profissionais, da área da psicologia e demais áreas da saúde, atuando como auxiliares na programação formativa. Esta é uma tendência assumida pela própria Igreja, garantida por diversos dos seus documentos que abordam a importância da utilização dos instrumentais da psicologia como suporte tanto para os formandos quanto para os formadores. Como exemplo, o já citado documento *Orientações*, deixa bem claro que "cada formador deve estar preparado, também por meio de cursos específicos adequados, para a mais profunda compreensão da pessoa humana e das exigências da sua formação para o ministério ordenado" (Or, n. 3). Ao citar a ferramenta dos cursos que ajudam na compreensão humana, o Vaticano aponta como dever dos envolvidos nesta missão da formação a preparação teórica que possa fundamentar as condutas mais assertivas possíveis do acompanhante, inclusive para o bem da sua formação pessoal e religiosa. Esta é uma vertente possível e já bem inserida na realidade dos projetos de formação, em que o profissional especialista colabora com os estudos relacionados aos temas intrinsecamente ligados ao universo humano, como o desenvolvimento da pessoa, relacionamentos interpessoais, conteúdos associados à dimensão da sexualidade, fenômenos da psicopatologia, elementos psíquicos envolvidos na orientação espiritual e vocacional, aspectos psicológicos da experiência religiosa e vocacional, entre outros conteúdos que possam surgir como demandas. Além de cursos mais estruturados de longo e médio prazo, como especializações e outras modalidades com certificações acadêmicas, são válidas também as proposições formativas de curta duração, como os seminários, conferências e encontros, que servem como reciclagem e atualização permanentes.

O dever posto aos formadores para essa fundamentação teórica precisa encaminhar duas possibilidades de ganho dentro das instituições formativas. A primeira é a de converter os conteúdos absorvidos nas vivências de estudos em ferramentas de repasse para os seus formandos através de encontros de formação humana e nas próprias atividades de acompanhamento individual, proporcionando segurança ao lidar com temas específicos da conjuntura psíquica do formando. A outra possibilidade de uso da fundamentação teórica é direcioná-la para o processo de formação continuada da sua própria maturidade, favorecendo a compreensão dos aspectos psicológicos envolvidos nas inter-relações com os acompanhados, para sempre cuidar e lidar bem com resguardo da essência da própria função e da garantia para que os objetivos do seu trabalho sejam alcançados. Trata-se de um movimento de maturidade para separar as questões emocionais pessoais das do outro que está em acompanhamento.

Além desta vertente de contribuição da psicologia para a formação por intermédio da transmissão de conteúdo, outro direcionamento ainda presente nesse mesmo documento supracitado, é a atuação do psicólogo na função de consultoria aos formadores através de apoio profissional especializado nos assuntos relacionados ao desenvolvimento humano e saúde psíquica. Assim está descrito no documento: "para tal fim, podem ser muito úteis as reuniões de confronto e esclarecimento com especialistas em ciências psicológicas sobre algumas temáticas específicas" (Or, n. 4).

O profissional especialista atua, junto aos formadores, como auxiliar para as discussões de aprofundamento relacionadas às questões psicológicas, no intuito de ajudar na ampliação do conhecimento que venha a facilitar os devidos encaminhamentos e as tomadas de decisões. Este trabalho pode ser por intermédio de encontros individuais, com um ou outro formador, e em grupo, com a equipe de formação, para estudo de casos, participação de decisões e encaminhamentos, seja de forma frequente, planejada, seja de acordo com as circunstâncias. A opinião do psicólogo deve ser concebida como mais uma contribuição, jamais como a que substituirá ou definirá alguma situação relacionada aos formandos. Esse profissional não deve ser colocado como um membro da equipe formativa, mas, sim, um colaborador que presta um serviço de esclarecimento na medida em que o grupo responsável pela formação, ou um superior direto como o bispo e superior do instituto, decida proceder assim. O papel do profissional precisa ser bem delimitado por ambas as partes, tanto do lado do psicólogo que presta o serviço como dos responsáveis pela formação, para que não haja confusão no esperado desempenho do profissional nesta colaboração. Um dos perigos que deve ser evitado é a instrumentalização da opinião do especialista apresentando ao formando uma decisão que pode ser difícil para o formador assumir como própria ou da instituição, transferindo para o profissional o fardo dessa responsabilidade. Portanto é fundamental que seja estabelecido um contrato de consultoria para garantir as regras que vão delinear o trabalho, assegurar uma mesma linguagem perante as condutas de ambas as partes, a devida descrição do papel específico do psicólogo com as suas responsabilidades, bem como dos seus limites técnicos e éticos dentro do processo.

Barbosa, em seu trabalho de pesquisa com religiosos envolvidos no processo de formação, identificou que, em geral, os formadores não vislumbram oportunidades suficientes para tratar com outras pessoas sobre sua missão formativa, deixando-os comumente lidar de forma solitária com suas dúvidas, sofrimentos e desafios. Nas palavras dos padres entrevistados, foi observada claramente a necessidade de se submeterem a um processo em psicoterapia. Os religiosos entrevistados afirmaram que todo aquele envolvido na missão formativa "deveria passar por um processo psicoterápico antes ou ao longo de sua atuação como formador" (BARBOSA, 2018, 129). A demanda para o suporte em psicoterapia fica evidenciada no reflexo da sobrecarga emocional que o formador vivencia, desde as situações solitárias do dia a dia no seminário, passando pela carga de responsabilidade perante os estudantes, a equipe de formação e seus superiores; isso sem citar o fardo das decisões a serem tomadas, que impactam diretamente a vida e a opção dos jovens.

Barbosa percebe claramente, na maioria dos entrevistados, a demanda expressa e a disponibilidade para receber o suporte da psicologia no seu trabalho formativo. Ainda nas palavras do autor, "importa notar que os formadores assumiram a necessidade de conversar, de serem orientados, de receberem alguma ajuda na missão, quase irrealizável, de dar formação a outro ser humano" (idem, 138-139). É importante esclarecer que a psicoterapia disponibilizada aos formadores não pode ser caracterizada como instrumento para resolver diretamente as questões referentes à função de educador dos formandos. Evidentemente as dores causadas pelo exercício da função deverão estar presentes no *setting* terapêutico, entretanto não serão foco da terapia, resguardando o alvo principal que é a saúde da estrutura de personalidade da pessoa do formador, que busca a ajuda psicoterápica, para bem lidar consigo, com suas relações e o seu trabalho. Nesse sentido, a ferramenta da psicoterapia pode ser considerada como mais uma via pela qual a psicologia pode colaborar no processo de formação do próprio formador.

Enfim, eis o destino deste capítulo, que é apontar a assessoria psicológica como um instrumental valioso aos formadores na desafiante tarefa da formação para a vida consagrada e sacerdotal. Trata-se de um aspecto fundamental desta realidade da formação, que é a capacitação dos formadores, a melhor preparação dos homens e mulheres convocados para o exercício missionário de educação, direcionada para que os formandos contemplem a assertiva realização vocacional. É imprescindível conceber a psicologia como uma ciência parceira neste fim a ser alcançado, seja através da capacitação teórica com os estudos de conteúdos relativos ao desenvolvimento humano, seja por meio de consultoria nas discussões de casos e situações factuais com demandas de orientações, decisões e encaminhamentos, seja, como visto há pouco, por intermédio do serviço clínico de psicoterapia como auxílio ao fortalecimento psíquico individual para manusear positivamente determinadas questões e, assim, promover o melhor funcionamento do trabalho do formador.

Em seu artigo "Desafios atuais para a formação eclesial", publicado na *Revista Eclesiástica Brasileira*, Oliveira promove uma provocação pertinente de que a formação oferecida pelos formadores precisa ser "realista e com 'cheiro' humano" (OLIVEIRA, 2011, 101), e que para lidar com os desafios culturais contemporâneos "é necessária uma formação inculturada, que pense no vocacionado real" (idem, ibidem). Nesta perspectiva demandada, a fonte promotora dessa formação e que deve garantir tal inserção – ou seja, os institutos formativos com seus formadores –precisa necessariamente estar bem preparada, tanto em termos de proposições teóricas quanto de capacitação dos seus quadros responsáveis por esta tarefa da formação. A proposta e a prática de uma formação de qualidade demandam segurança acadêmica e metodologia científica precisa, pois, de acordo Oliveira, no que se refere às proposições das instituições formativas:

> Tudo costuma ser improvisado, genérico e unilateral. Faltam pessoas seriamente preparadas. Geralmente, os formadores são improvisados. É notória a ausência de uma equipe de formação, ficando a responsabilidade sobre as costas de uma única pessoa, que, quase sempre, está sobrecarregada com tantas outras tarefas. Chega-se até a dizer que os formadores e formadoras fazem várias

coisas, inclusive trabalhar na formação. Dificilmente há dedicação exclusiva. Em função disso, o processo formativo torna-se carente de coerência, de consistência, de sistematização, de originalidade e de objetividade (idem, 105-106).

É fundamental esclarecer que o processo de formação dos formadores não inclui apenas a devida capacitação acadêmica nem o treinamento permanente, mas essencialmente a seleção qualificada de sacerdotes, religiosos e religiosas para essa missão, com continente ético e moral para serem referenciais aos seus formandos. Na mesma direção, objetiva-se que tais formadores convidados para as casas de formação tenham saúde psíquica suficiente para permanecer nelas e valorizar o próprio desenvolvimento da maturidade, com abertura e disponibilidade para crescer como pessoa, no confronto dos seus questionamentos intrapsíquicos em prol do seu autoconhecimento que promove o reconhecimento das suas dificuldades e alavanque de forma contínua seu crescimento humano. É como reforça Oliveira, muitos dos formadores que estão atuando na formação "vivem pregando a coerência quando, na verdade, possuem uma prática incoerente" (idem, 102), comportam-se como quem "engana a comunidade, deturpa a realidade, sendo, pois, um farsante [...]. Rezar não basta, não é suficiente e não resolve certos problemas. É necessário mais cuidado antropológico, e mais humildade para aceitar a ajuda das ciências humanas" (idem, ibidem).

3.1. A seleção e formação dos formadores para o trabalho de acompanhamento dos formandos

No ano de 2018, a CNBB, na 56ª Assembleia Geral, publicou o documento 110 com as novas diretrizes para a formação dos presbíteros da Igreja no Brasil, documento já trabalhado no primeiro capítulo deste livro, que aborda as orientações do magistério do papa Francisco com o objetivo de reforçar a unidade e coerência do processo de formação dos novos padres. Nesse documento, os bispos do Brasil indicam claramente que a equipe de formadores necessita "de oportunidade de preparo qualificado" (CNBB, Doc.110, n. 383), no intuito de evitar a todo custo "a precipitação e a improvisação na escola de formadores" (idem, ibidem), a fim de garantir formadores com capacidade de acompanhar os formandos com maior segurança e assertividade. O formador, em sua missão de educar, tem que ter a consciência de que a sua segurança pessoal para tal função depende do seu reconhecimento de que precisa estar em permanente formação.

> Um formador que pensa que já não precisa ser formado se torna arrogante, autoritário, indiferente às questões positivas e negativas do outro; é sempre um desastre na vida dos que desejam seguir o caminho da vida presbiteral (WISNIEWSKI, 2019, 7).

No propósito de atender a demanda da devida formação dos formadores para o trabalho de acompanhamento da dimensão humana dos formandos, um dos primeiros aspectos a ser considerado é o questionamento sobre como ocorre o processo de seleção da equipe para essa missão. Trata-se de uma condição inicial a ser concebida de forma a estabelecer critérios para tal destinação, entre os membros da diocese ou dos institutos de vida consagrada. Para que seja evitada a prática de escolher de forma aleatória as pessoas a receberem tal desígnio, é necessário que as gestões de cada instituição sistematizem, de forma documental, os critérios norteadores para a seleção dos presbíteros e religiosos que irão compor os grupos formativos das casas de formação. No mesmo documento são contempladas também as diretrizes para a capacitação, com uma sistematizada e assertiva preparação voltada a quem assumir o cargo como formador.

Para os institutos de vida consagrada que possuem um enquadramento próprio para formação dos seus membros para a vida religiosa, existem orientações oficiais de um órgão específico do Vaticano que é a "Congregação para os Institutos de Vida Consagrada e Sociedades de Vida Apostólica", para cuidar exclusivamente de tais institutos. Uma das suas diretrizes mais conhecidas, publicada em 1990, denominada "Orientações sobre a formação nos institutos religiosos" (OrFIR), traz especificações sobre aspectos necessários para os que são chamados à missão como formadores:

Além de um conhecimento suficiente da doutrina católica sobre a fé e os costumes, revela-se evidente a exigência de qualidades para aqueles que assumem responsabilidades de formação: 1- capacidade humana de intuição e de acolhimento; 2- experiência madura de Deus e da oração; 3- sabedoria que deriva da escuta atenta e prolongada da Palavra de Deus; 4- amor à liturgia e compreensão do seu papel na educação espiritual e eclesial; 5- necessária competência cultural; 6- disponibilidade de tempo e de boa vontade para consagrar-se ao cuidado pessoal de todos os candidatos e não somente do grupo (OrFIR, n. 31).

Os critérios de seleção supracitados priorizam o potencial da vivência de valores morais e espirituais do convidado para assumir a função de formador, o que de fato é imprescindível para tal função. Ainda que dentre os critérios seja pontuada a expectativa de características de habilidades psicológicas como "capacidade humana de intuição e de acolhimento" (idem, ibidem), a "competência cultural" (idem, ibidem) e o "cuidado pessoal de todos os candidatos" (idem, ibidem), é preciso qualificar mais ainda este conjunto de critérios para a seleção dos formadores, com um enquadramento esperado de maturidade humana condizente com a posição de educador que é referência na relação com os educandos. Ainda dentro deste universo da maturidade, deveria ser considerada pelo menos uma experiência anterior de acompanhamento de outras realidades, tais como direção espiritual ou acompanhamento vocacional. Um instrumental da psicologia com todas as condições de colaborar neste processo seletivo é o da avaliação psicológica, que pode oferecer uma leitura técnica e sistemática da personalidade do futuro formador, levantando dados importantes das características favoráveis para a função, assim como dos aspectos carentes de ajustes.

Além das habilidades psicossociais, das competências adquiridas com as capacitações acadêmicas e da própria experiência anterior de acompanhamentos, é fundamental que, na decisão para a seleção do novo formador, sejam levadas em consideração as qualidades da pessoa apontada para exercer tal função. Francileudo evidencia uma série de qualidades que, se inerentes à pessoa do formador, facilitam o exercício dessa missão de colaborar com o formando em seu caminho na busca da sua verdade individual e do sentido da sua vida. Entre outras qualidades descritas pelo autor, destaca-se a "autenticidade para apresentar-se como ele é" (FRANCILEUDO, 2021, 302), em que o formador tem o cuidado de ser para o seu formando quem realmente ele é, com a exposição preferencial dos seus "valores naturais e espontâneos" (idem, ibidem), evitando assim uma apresentação encoberta pelas capacidades intelectuais e títulos que não favorecem o encontro autêntico com o educando. Outra qualidade sinalizada pelo autor é "a aceitação incondicional da pessoa do formando" (idem, ibidem), o que se torna uma demanda para que as ideias e informações, adquiridas anteriormente por outros intermédios, possam ajudar a lidar melhor com o formando e não sejam condicionadoras e determinantes. Com essa qualidade, a expectativa é de que ocorra um conhecimento prévio da subjetividade daquele que está em formação, com a predominância de um olhar mais positivo sobre o jovem sua história, fazendo valer o seguinte:

> Interesse positivo pela pessoa, respeito por todas as manifestações da personalidade do formando, escuta atenta, consideração e respeito pela pessoa e pelo processo formativo que realiza, com o intuito de capacitá-lo por meio de suas potencialidades para vir a ser mais autêntico (FRANCILEUDO, 2021, 204).

Ainda na obra de Francileudo, a "capacidade de autorreflexão ou autocrítica" (idem, ibidem) é outra das qualidades destacadas do formador selecionado, e que pode beneficiar a relação com o formando, pois trata-se de uma conduta permanente para o autoconhecimento que impulsiona o formador a um olhar mais profundo e habitual sobre si mesmo, com autocrítica e uma perene atitude de autoavaliação – tudo em prol de um educador na via da maturidade, para mais ser maduro na sua relação com o seu educando. E como a última das qualidades pinçadas no trabalho do mesmo autor, vale o registro da qualidade de "responder com responsabilidade" (idem, 212), com o sentimento prevalente de liberdade, ao convite para colaborar com a formação de jovens mobilizados em assumir as suas vocações. Nessa qualidade reside a compreensão pessoal de que o alvo principal das consequências possíveis de ocorrerem, por conta do exercício desta função, não podem ser direcionadas para outros, e sim assumidas por quem aceitou essa função de forma responsável. Ressalta-se que a qualidade da resposta responsável, quando presente, garante ao formador escolhido que "na medida em que a pessoa se entrega ao mundo e suas incumbências e exigências, introduz na vida a responsabilidade, realiza o sentido e valores e atinge a plenitude de si mesma" (idem, ibidem).

Sobre o aspecto das características humanas do formador, vale sublinhar o que propõem as *Diretrizes sobre a preparação dos educadores nos seminários* (DES), apresentado pela Congregação da Educação Católica:

> Trata-se dum aspecto da personalidade que é difícil definir em abstrato, mas que corresponde em concreto à capacidade de criar e manter um clima sereno, de viver relações amigáveis que exprimem compreensão e afabilidade, de possuir um constante autodomínio. Longe de fechar-se em si mesmo, o educador ganha interesse pelo trabalho próprio e pelas pessoas que o circundam, bem como pelos problemas que quotidianamente deve afrontar. Personalizando em certa maneira o ideal por ele proposto, torna-se modelo a imitar, capaz de uma verdadeira "leadership", e, portanto, de envolver o educando no próprio projeto educativo. [...] Um educador amadurecido possui uma boa distância crítica de si mesmo, está aberto à aprendizagem, sabe acolher as críticas e as observações e está disposto a corrigir-se. Só assim saberá ser justamente exigente com os outros, sem esquecer a fadiga e os limites postos às possibilidades humanas (DES, n. 33-34).

Subsequente ao processo de seleção do novo formador, a instituição deveria conter no seu programa para a formação uma proposta de capacitação bem estruturada para os novos formadores. É conveniente que esse programa contenha uma preparação voltada para o fortalecimento das dimensões que atendem às demandas espirituais, pastorais, de conhecimento aprofundado das diretrizes oficiais da Igreja para a formação, como também da preparação voltada para as necessidades de habilitação para bem lidar com os aspectos psicológicos dos jovens formandos.

São muitos os casos de problemas existentes nos institutos de formação, envolvendo a imaturidade do formador, a falta de habilidade para manusear as situações, assim como a carência de qualidades pessoais, que poderiam ser evitadas ou melhor superadas se houvesse uma seleção mais criteriosa, bem como uma preparação mais qualificada para a seriedade que este trabalho exige. Por outro lado, é facilmente perceptível um maior índice de assertividade nesse desempenho formativo, com a constatação dos exemplos existentes em dioceses e institutos de vida consagrada que possuem um programa mais bem estruturado de capacitação para assumir a função. Além da preparação, tal perspectiva positiva de resultados inclui a manutenção de uma proposta de reciclagem e de maior qualificação para os envolvidos na formação, caracterizando um programa ideal de formação permanente.

Quando predomina a carência da formação adequada aos formadores, sobressaem as iniciativas individuais dos próprios formadores para com a sua habilitação, a partir do interesse pelas questões formativas, com leituras e participação por conta própria em encontros e cursos relacionados ao tema de interesse, muitas vezes desde o período em que era formando. A ideia da capacitação do novo formador ser iniciada ainda no tempo formativo de a pessoa assumir tal função tem acontecido em muitas instituições, o que favorece o período de preparação e o amadurecimento do candidato em formação com as expectativas inerentes a esse tipo de incumbência.

Algumas das dificuldades comuns enfrentadas pelas instituições formativas, como consequência da vulnerabilidade na seleção e preparação dos formadores, estão associadas à rotatividade e ao uso excessivo do improviso e da intuição ao lidar com as situações de dificuldade. Barbosa (2008), em seu trabalho de pesquisa de campo, citado anteriormente, identificou através de dados colhidos com presbíteros formadores que, devido à falta de preparo para o cargo no trabalho de formação, existe um elevado nível de rotatividade entre os formadores, muitos tendo que assumir a função pela razão de não ter quem queira ou que se sinta preparado para o desafio. Sobra, então, em diversos casos, a decisão de responder ao convite e ajudar a diocese ou congregação com muita boa vontade, mas também com a necessária sorte para ter sucesso na tentativa. Fazer a experiência "para ver se vai dar certo", neste contexto de acompanhar vidas e formar pessoas, tem que ser uma opção rejeitada a todo custo. Se a instituição não prepara àquele que tem a função de formador, não é possível garantir a segurança e responsabilidade para formar os outros. Por depender da sorte, e também pela falta de preparação, a intuição fala mais alto, e ela, mesmo se caracterizando como uma capacidade positiva de percepção e pressentimento para fazer brotar uma resposta ante uma situação, é empobrecida de um discernimento mais analítico e consistente. A utilização da intuição pode ajudar, e muito, nas relações de ajuda, mas jamais pode se tornar o carro-chefe nesse trabalho formativo, nem prevalecer como conduta para as tomadas de decisões. A devida capacitação para que o formador se torne uma referência educativa para os seus formandos tem que se sustentar na soma das qualidades individuais, o que inclui a intuição, com a responsabilidade na resposta positiva para a missão, somada à generosa e permanente formação nos instrumentais das diretrizes formativas institucionais, dos conteúdos sobre a espiritualidade, a pastoral e a psicologia do desenvolvimento humano. Enfim, em qualquer contexto em que falte uma boa preparação para o trabalho formativo, ou em qualquer outro tipo de atuação, haverá uma tendência à predominância da improvisação gerando o amadorismo. Para servir como resposta à falta da devida preparação, Barbosa (2008) se vale dos próprios testemunhos dos presbíteros entrevistados que realçaram a necessidade de uma capacitação antes, durante e permanentemente para o exercício adequado e comprometido com a responsabilidade de formação.

    Enfim, nesta empreitada da formação dos formadores para o trabalho de acompanhamento, precisa ficar sedimentado que cada jovem envolvido no processo formativo, o faz em função de sua realização existencial, de integração entre seus anseios pessoais com a possibilidade de assertividade na escolha vocacional. Portanto, são indispensáveis a melhor seleção e preparação daqueles que serão os responsáveis em proporcionar as condições ideais para a consecução esperada do projeto de realização de vida. Nesse sentido, Almeida reflete bem esta questão quando afirma que "a vocação entendida como projeto existencial de vida se nutre de dupla fidelidade: fidelidade à missão assumida, que é também fidelidade à promoção da própria existência" (ALMEIDA, 2001, 49).

De acordo com Mendes (2002), para assegurar o espaço de formação num continente de realização de vidas, é necessário tratar desta questão como primordial em que haja um alto nível de qualificação das pessoas envolvidas neste processo da formação, com capacidade para atuarem em equipe e com potencial de planejamento, com foco evidenciado nos seguintes aspectos:

> Nos investimentos de grande porte no processo formativo (Plano de Formação, sistematização progressiva dos conteúdos), na qualificação e diversificação pedagógica dos formadores (formação de educadores, equipes de trabalho, planejamento das atividades, assessoria psicopedagógica, presença de leigos e leigas), no trabalho junto aos seminaristas (processo participativo, acompanhamento personalizado, sensibilização para a realidade pastoral), na formação acadêmica (reflexão como forma de intervir no mundo, estudo metódico, interdisciplinaridade), na estrutura do seminário (pequenas comunidades, grupos de vida) (MENDES, 2002).

Assegurado o procedimento positivo de seleção e formação dos formadores, bem como a estruturação sedimentada da instituição formativa com suas propostas educativas seguramente fundamentadas, é possível oferecer ao jovem formando uma referência saudável de lugar e pessoas que sejam fontes favoráveis de identificação para concretizar a sua realização de vida. Infelizmente, o contrário também ocorre com os formandos ao conviverem com uma equipe de formação mal composta, pobre como referencial, reforçada negativamente com uma desestruturada proposição formativa, comprometendo o esperado desempenho de encontro com a efetivação vocacional e existencial. Nouwen (2001) aposta na via da identificação como vivência indispensável para que o formando encontre o lugar para sua realização.

3.2. As iniciativas existentes de suporte psicológico aos que lidam com formação na Igreja no Brasil

Ainda no resgate do trabalho de pesquisa de Barbosa, já referenciada, o autor identificou que nenhum dos padres formadores pesquisados passou por uma capacitação específica e sistematizada antes de assumir a função. Um dos entrevistados, num grupo de dez presbíteros, afirmou que fizera um curso com duração de um mês, assim como outros sinalizaram a participação em encontros de uma semana. Grande parte dos entrevistados afirmou ter realizado leituras de alguns documentos oficiais da Igreja que abordavam o processo formativo. "Tal literatura versa sobre a formação presbiteral em grandes linhas no sentido de propor dimensões de trabalho, mas não apresentando estratégias ou modelos sistemáticos aplicáveis ao universo formativo e à casa de formação" (BARBOSA, 2008, 130). Essa configuração retrata bem a situação atual da Igreja no Brasil, que ainda não atende de forma mais significativa a demanda no que se refere à proposta de oferta para formação daqueles envolvidos no processo educativo das instituições formativas. Ainda que seja identificada uma evolução dessa realidade, com contextos formativos bem mais estruturados em diversas dioceses e instituições de formação.

É urgente que ocorram mais iniciativas com maior investimento na formação dos formadores de seminários e casas de formação, incluindo a capacitação com temas ligados ao desenvolvimento humano, como também suporte psicológico para os selecionados convidados a assumirem esse encargo. Caso contrário, serão mantidas as ocorrências negativas encontradas nos institutos formativos, como as registradas em diversas dioceses e institutos de vida consagrada, como o exemplo a seguir, citado no trabalho de Barbosa:

> No entanto, a maioria dos formadores entrevistados declarou que suas dioceses não possuem um projeto de formação ou que ele

está em construção. Alguns dos formadores entrevistados disseram que a solução para muitos dos problemas enfrentados na formação seria esta preparação anterior. Este formador disse que, por não estar preparado para assumir tal função, sofreu muito e fez os formandos sofrerem por atitudes muito radicais e extremas das quais hoje se envergonha (BARBOSA, 2088, 130).

Esta preocupação já vem fazendo parte das pautas da Igreja Católica há mais tempo, o que pode ser comprovado pela referência de um trecho do documento *Orientações*. Todo aquele envolvido no trabalho da formação precisa ser um "conhecedor da pessoa humana, dos seus ritmos de crescimento, das suas potencialidades e debilidades e do seu modo de viver a relação com Deus" (Or, n. 3). Assim sendo, é sugerido aos bispos que invistam numa qualificada preparação de seus formadores, em parceria com programas e instituições bem classificadas para tal empreendimento.

Com o objetivo de sanar a carência na formação dos formadores e atender às orientações oficiais da Igreja oficial, a CNBB e a CRB oferecem às dioceses e aos institutos de vida consagrada oportunidades de capacitações, com conteúdos concernentes à atuação no processo formativo. São ofertas de cursos de especialização, como condições para integrar uma equipe de formação, mas sem nenhuma regulamentação obrigatória imposta pela Igreja. Existem iniciativas também, e que são muito bem-vindas, por parte de algumas dioceses e congregações religiosas para os próprios membros, de curta duração e sem o valor acadêmico de uma pós-graduação. A importância de contemplar a citação de tais iniciativas institucionais se relaciona à oportunidade que é dada nos seus programas curriculares de maior aproximação aos temas ligados à psicologia do desenvolvimento e da personalidade.

A CRB foi quem sistematizou primeiro a proposta de uma formação mais organizada e permanente para os que são designados à formação, com o "Curso para formadores e formadoras da vida religiosa", há mais de 15 anos em parceria com a Escola Superior de Teologia e Espiritualidade Franciscana (ESTEF).

Trata-se de um curso de Pós-Graduação devidamente regulamentado pelo Ministério de Educação do Brasil, aberto para todos os Institutos de Vida Consagrada de todo o país, com o intento de proporcionar aprofundamento teórico de temas associados ao processo formativo, para refletir sobre procedimentos de atuação na formação, assim como de oferecer um espaço de compartilhamento de experiências nesta área. Concomitantemente ao estudo para a atualização teológica, esta especialização, segundo a própria apresentação descrita pela CRB, promove qualificação aos que atuam ou atuarão nas diversas etapas formativas, inclusive na formação permanente, que é a manutenção educativa aos já consagrados. Este curso garante, em sua proposta curricular, um módulo específico para o estudo direcionado à dimensão antropológica, com temas que implicam uma abordagem psicológica, tais como "acompanhamento pessoal no processo formativo" e "dimensão afetiva no processo formativo".

A iniciativa por parte da CNBB, com o apoio da Organização dos Seminários e Institutos do Brasil (OSIB), para atender à demanda de formação dos formadores dos seminários diocesanos, teve início de maneira mais sistematizada a partir da 53ª Assembleia Nacional dos Bispos do Brasil, na cidade de Aparecida, no estado de São Paulo, em 2015. Na ocasião, oficializou a criação da Escola Nacional de Formadores Jesus Bom Pastor (ENF), gerando um espaço de preparação e aprimoramento do ministério dos formadores dos seminários e institutos da Igreja no Brasil. Nos dizeres do próprio documento que instituiu este curso de especialização, a CNBB afirma que a ENF "é o órgão oficial da Conferência Nacional dos Bispos do Brasil, apoiada pela Congregação para o Clero e pela Nunciatura Apostólica (do Vaticano), para a formação dos formadores dos futuros presbíteros" (CNBB, *Escola Nacional de Formadores...*, 2015, n. 2). Esta formação destina-se a presbíteros indicados pelo bispo, que já exerçam ou exercerão a missão de formadores. A proposição metodológica de trabalho contempla, de acordo com a proposta da comissão da CNBB, estudo, convivência, pesquisa, oração, troca de experiências, retiros, espiritualidade e análise de casos complexos. A matriz curricular é organizada a partir de três eixos do programa formativo: teológico e espiritualidade, que tratará da dimensão espiritual; pedagógico-pastoral, relacionado à dimensão pastoral-missionária; e antropológico, que abordará as dimensões humano-afetiva e comunitária. Nesse terceiro eixo, fica garantido o investimento na dimensão psicológica na perspectiva do indivíduo inserido no social.

São iniciativas como essas existentes hoje na Igreja no Brasil que ressaltam a importância de promover o necessário suporte psicológico aos que lidam com a formação. A boa capacitação dos futuros religiosos e sacerdotes está intimamente condicionada a uma qualificada preparação dos seus formadores. É preciso seguir investindo cada vez mais nessas iniciativas já existentes, tornando-as referências para a preparação adequada nesta missão, a fim de que se tornem condições obrigatórias em todas as instituições formativas da Igreja, para que alguém assuma uma função na equipe de formação. Desse modo, a especialização se tornaria uma possibilidade viável para estabelecer critérios nas composições das equipes de formação. Assim sendo, o próprio processo de preparação mais estruturado pode ser concebido, concomitantemente, como um período de confirmação dos destinados a tal missão. No momento em que os futuros formadores estivessem participando desse período de capacitação, eles mesmos estariam discernindo sobre a sua identificação com a função, bem como amadurecendo em relação à responsabilidade de trazer para si próprios a resposta positiva de aceitar tal desafio. Para endossar ainda mais o quão fundamental é esse comprometimento com o universo da formação, vale o registro das palavras do papa Francisco, por ocasião do encontro com o episcopado brasileiro, durante a Jornada Mundial da Juventude no Rio de Janeiro, em 27 de julho de 2013:

> Queridos irmãos no episcopado, é preciso ter a coragem de levar a fundo uma revisão das estruturas de formação e preparação do clero e do laicato da Igreja que está no Brasil. Não é suficiente uma vaga prioridade da formação, nem documentos ou encontros. Faz falta a sabedoria prática de levantar estruturas duradouras de preparação em âmbito local, regional, nacional e que

sejam o verdadeiro coração para o episcopado, sem poupar forças, solicitude e assistência. A situação atual exige uma formação qualificada em todos os níveis. Vocês, bispos, não podem delegar este dever, mas devem assumi-lo como algo de fundamental para o caminho das suas Igrejas (Encontro com o episcopado brasileiro, 2013, n. 4).

A proposta de formação acadêmica para os formadores dos seminários e institutos religiosos se caracteriza como uma iniciativa básica de preparação para o exercício de educadores dos formandos. Nesse caso, muito mais que uma oferta de capacitação teórica, tais propostas de especialização atendem, de início, a uma necessidade de suporte psicológico, ao contemplarem em seus currículos os temas associados ao desenvolvimento humano, estudo da personalidade, discussão de casos e outros assuntos que favoreçam a habilidade de acompanhamento dos aspectos psicológicos dos seus acompanhantes. Outra expectativa sobre os cursos de especialização é que os envolvidos no processo de preparação usufruam de tais conteúdos para realizar uma abordagem de crescimento consigo mesmo, convertendo o conhecimento adquirido em prol do conhecimento maior de si mesmo e de maior consistência no desenvolvimento da sua maturidade como formador.

Estes dois organismos oficiais da Igreja no Brasil, a CNBB, por intermédio do seu órgão responsável pela formação, que é a OSIB, e a CRB, voltada para os institutos de vida consagrada, são as duas principais referências de iniciativas e de transmissão das diretrizes formais da Igreja Católica. Por essa razão, é indispensável o registro das suas atuações voltadas para a formação dos formadores, conduzindo em tais ações as possibilidades de suportes psicológicos, com a ajuda dos profissionais da psicologia convidados para prestar dos seus serviços. Além dos cursos de especialização supracitados, essas entidades promovem, dentro dos seus calendários anuais, propostas de encontros, cursos breves e conferências que se voltam para a área de preparação dos formadores, aumentando ainda mais as perspectivas da reciclagem e capacitação permanentes.

Outras iniciativas existentes na Igreja no Brasil de suporte psicológico aos que lidam com a formação também são identificadas de maneira particularizada, por intermédio das convicções e decisões das instituições de formação, tanto as diocesanas quanto as das congregações religiosas. Essa realidade vai sofrer variações de inciativas de acordo com as condutas de abertura e identificação em relação à importância e necessidade de visualizar na psicologia um instrumental de apoio nesse processo de formação. Além de depender da aprovação e disposição de investimento dos seus superiores responsáveis pelas instituições. É certo que atualmente tem se tornado bem mais comum a identificação de iniciativas como essas já citadas, existindo como prática formalizada em muitas dioceses e institutos de vida consagrada em suas diretrizes formativas, tornando a ferramenta da psicologia uma vivência comum nas ações de suporte direcionadas às suas equipes de formação.

As proposições para incluir a psicologia nos programas de formação, além de serem garantidas pela Igreja no Brasil, têm o respaldo do Vaticano, como se vê no número 4 das *Orientações* da Congregação para a Educação Católica, quando afirma que os formadores precisam se preparar, por meio de cursos específicos e apropriados, no intuito de apropriar-se da "mais profunda compreensão da pessoa humana e das exigências da sua formação para o ministério ordenado" (Or, n. 4). Ainda nesta direção, o documento ressalta que os formadores podem acessar os profissionais da psicologia por meio de "reuniões de confronto e esclarecimento" (idem, ibidem) para abordar sobre assuntos relacionados ao universo do comportamento humano.

As iniciativas existentes hoje no Brasil demonstram que o terreno de atuação do psicólogo junto às casas de formação tem se ampliado cada vez mais e se consagrado como um suporte indispensável aos formadores nas programações voltadas para formação humana dos candidatos. É possível encontrar estes profissionais em diversos formatos de desempenho junto ao grupo de formação, desde a assessoria com consultas sobre as propostas de programas educacionais para os formandos, passando pela ajuda na capacitação e treinamentos com temas psicológicos, até a prestação do serviço em psicoterapia. Nesse serviço da terapia ao formador, reside a oportunidade para que seu emocional esteja saudável para lidar da melhor maneira com a sua missão de acompanhamento aos jovens em formação, que muitas vezes acarretam situações de impacto e desajuste em sua estrutura psicológica.

Vale salientar a importância da devida utilização dos serviços do profissional da psicologia no aparato destinado aos formadores, sem deixar de considerar que se trata de um profissional prestando um serviço técnico especializado psicológico, e não um membro efetivo da equipe de formação responsável pelo processo de acompanhamento e decisões como um todo, papel que deve ser restrito aos formadores. Essa distinção é necessária para garantir a compreensão comum e sintonizada entre a equipe de formação e o especialista da psicologia, ou até de outras áreas profissionais, sobre o espaço adequado da ajuda na formação. Ainda sob a inspiração do documento da Congregação para a Educação Católica, a Igreja reforça a ideia de que a psicologia deve ser agregada ao conjunto da formação do candidato à vida religiosa e sacerdotal, sem confundir com a necessidade e importância específica do trabalho de acompanhamento espiritual "cuja obrigação é manter o candidato orientado para a verdade do ministério ordenado, segundo a visão da Igreja" (Or, n. 8).

Esta delimitação da atuação do psicólogo junto à equipe de formação precisa estar clarificada também para o profissional convidado, a saber, como bem apontado por Baungart (2010), quando descreve que compete ao psicólogo, "como profissional em saúde, trabalhar as questões emocionais, afetivas e comportamentais que estão envolvidas no processo de formação de seminaristas" (BAUNGART, 2010, 27). Ainda citando o autor, é preciso sublinhar que o fato de esse profissional lidar direta e ordinariamente com conteúdos religiosos trazidos pelos formadores, não é sua incumbência atuar para responder ou discutir questões teológicas, mas sim favorecer o contato com tais assuntos, a fim de proporcionar uma comunicação livre e aberta, ajudando diretamente no crescimento humano.

Trata-se de um posicionamento sacramentado em todos os autores estudados neste trabalho, assim como em Frezzato

(2018), que a atuação do profissional da psicologia no processo formativo tem que ocorrer de uma maneira segura no tocante ao seu papel no programa formativo da instituição, junto aos formandos e aos formadores. No que cabe à instituição, por meio dos seus responsáveis, ela não pode economizar esforços no empreendimento das melhores condições para que a contribuição psicológica seja a mais assertiva possível.

CAPÍTULO 4

O alcance da psicologia nas casas de formação promovendo impactos no social e na formação dos psicólogos

> A perspectiva social da opção pela consagração é defendida porque se destina aos relacionamentos, com o fim de que os demais sejam conquistados para Deus, e não para um fim próprio. Portanto, a formação precisa focar na capacidade relacional do jovem que busca a consagração para o serviço ao bem dos outros.
> (Amedeo Cencini, Conferência na CRB do Paraná, 2017).

A quem interessa e se destina um processo adequado e qualificado de um jovem formando para o sacerdócio ou de uma jovem para a vida religiosa? Qual é a razão para investir de forma valorativa num instituto de formação de candidatos para a vida sacerdotal e de consagração? Duas respostas podem sobressair, sendo a primeira relacionada à garantia da continuidade do projeto de evangelização da Igreja Católica. A outra resposta é a realização pessoal daquele que abraça esta vocação. Nas duas respostas existe um único continente na qual essas duas direções vão desembocar, que é a comunidade eclesial ou o meio social, que absorve as atuações das lideranças religiosas em formação e, até mesmo, depois de formados. É na sociedade que o processo de formação vai desaguar e com possibilidade de impactar positivamente, ao disponibilizar homens e mulheres capazes de contribuir como agentes transformadores de valores e como lideranças comprometidas na construção de um lugar mais fraterno e justo. Na primeira resposta, que se refere à garantia dos anseios de evangelização da Igreja, o lugar humano, o grupo social, sempre foi, desde as vivências e palavras de Jesus, o alvo das suas opções, em especial os mais desvalidos. Na segunda resposta, associada à realização pessoal, a motivação comum dos que optam por um estilo de vida consagrada arraigada na fé cristã e de seguimento à pessoa de Jesus Cristo é a de oferta da vida aos mais necessitados.

Riccieri (2012) descreve o modo de vida religiosa e sacerdotal, com toda a sua bagagem histórica, como "parte viva da humanidade" (RICCIERI, 2012, 13), em que está "inserida no tecido social e eclesial" (idem, ibidem), onde vem desempenhando ontem e hoje uma missão "de auxílio e de suporte" (idem, ibidem) para a Igreja e para todo seu povo, "porque pertence intimamente à sua vida" (idem, ibidem), assim como a toda razão de formar seus novos membros. A sociedade em geral é o fim destinado de todo projeto de preparação na vida religiosa e sacerdotal, que tem em sua base motivacional a colaboração para o estabelecimento de uma vida mais justa e igualitária, a partir da inspiração evangélica cristã. Vale salientar que este mundo no qual se insere a vida consagrada também sofre impactos advindos da dinâmica própria de transformações, com passagens de antigos para novos paradigmas que vão perfilando a sociedade. Neste sentido, Riccieri ainda afirma que "todas essas possibilidades interpelam com vigor renovado a sociedade, a Igreja e também a vida consagrada na própria tarefa formativa para um percurso de novidades na vida que exige tempos e formas novas para anunciar a fé" (idem, 9).

O docente da Universidade Católica de Brasília, Oliveira (2011), em artigo já citado anteriormente, descreve a existência de um princípio que precisa estar contido no fim a que se destina um processo formativo, "que pode ser chamado de qualidade política da formação", ou seja, a atenção de zelo indispensáveis com a "relevância social do conhecimento". Os formadores, a quem cabe a responsabilidade final da proposta formativa, precisam priorizar a manutenção da questão sobre a maneira como está ocorrendo a preparação das pessoas para assumirem seus papéis nas comunidades eclesiais e na sociedade. É urgente a superação dos riscos de uma formação, que muitas vezes pode ainda ser "tremendamente arcaica e ultrapassada" (OLIVEIRA, 2011, 106), uma proposta que se reduz a somente "ler e escrever" (idem, ibidem), sem o compromisso de gerar uma educação de "seres pensantes, autônomos, criativos e responsáveis" (idem, ibidem). Os espaços sociais como as comunidades eclesiais, as famílias, as instituições educacionais, hospitais, associações de bairros, sindicatos e demais espaços sociais que recebem e continuarão a receber os jovens formandos, ainda como estudantes, e os receberão como sacerdotes, religiosos e religiosas já formados, carecem de agentes bem qualificados e merecem tê-los. Ao contrário, é preciso descartar uma formação na qual "os formandos e formandas aprendem, quase que mecanicamente, alguns conceitos e normas, mas não aprendem a reconstruir a vida e os ambientes. Tornam-se alienados, verdadeiros 'analfabetos funcionais', visto que serão incapazes de interpretar e de transformar a realidade" (idem, ibidem).

    Os impactos positivos causados nos meios sociais pela presença da Igreja, com seus presbíteros e consagrados, acontecem exatamente nas relações e condutas existentes entre eles e as pessoas que representam as realidades sociais. A personalidade da instituição eclesial com suas instituições sacerdotais e religiosas é constituída pela soma das pessoas que nelas viveram, vivem hoje e viverão, com o múltiplo e complexo resultado das características das personalidades desses indivíduos que compõem as instituições. Diante dessa concepção, residem a importância e a necessidade de um investimento cada vez mais qualificado no processo formativo dos que assumem a responsabilidade da continuidade da missão da Igreja no mundo. Assim sendo, a primeira resposta citada na abertura deste capítulo, sobre a razão de uma formação religiosa de excelência, fazendo referência à garantia da continuidade do projeto de evangelização da Igreja Católica, inclui intrinsecamente a qualificada seleção e preparação dos indivíduos envolvidos nesse processo. A segunda resposta, que se dirige à realização pessoal de quem assume a vocação sacerdotal e religiosa, também depende de um trabalho enriquecido de capacitação dirigida à pessoa, bem como de condições de discernimento para favorecer a segurança de que este se encontra no próprio lugar de realização existencial. Assim sendo, o ser humano é o alvo de todo investimento educacional para que os meios sociais sejam satisfatoriamente atingidos, tanto pela carga formativa espiritual e teológica quanto pelos conteúdos da psicologia e outras ciências que venham a oferecer recursos para a demanda de inserção neste ambiente social de inter-relação e diálogo.

> Se a educação, segundo a Igreja, é um fenômeno inevitável para um futuro de qualidade da vida consagrada no contexto de uma sociedade em contínua e veloz mudança, a garantia de uma sólida, profunda e adequada formação para as novas gerações é um desafio crucial e uma atribuição fundamental (RICCIERI, 2012, 36).

O papa João Paulo II, em sua exortação apostólica pós-sinodal chamada *Vita Consecrata* (VC) com o subtítulo "Sobre a vida consagrada e sua missão na Igreja e no mundo", destaca que a formação tem como missão o seguinte:

> Atingir em profundidade a própria pessoa, de tal modo que cada uma das suas atitudes ou gestos, tanto nos momentos importantes como nas circunstâncias ordinárias da vida, possa revelar a sua pertença total e feliz a Deus (VC, n. 65).

A ideia de "atingir em profundidade a própria pessoa", presente nas demandas da própria Igreja e no contexto de formação, é assegurada através da capacitação qualificada que mantém os ideais da Igreja e a realização vocacional individual (de "pertença total e feliz"). Nessa direção é que os instrumentos da psicologia se tornam indispensáveis para que os propósitos formativos atinjam a pessoa na sua integridade. Assim, a psicologia é assertivamente justificada, como já visto anteriormente neste trabalho, como parceira a serviço de um qualificado processo de seleção e de suporte no discernimento para que as comunidades absorvam o trabalho de pessoas adequadas à sua opção, assim como homens e mulheres felizes na escolha que fizeram. A psicologia colabora também através do embasamento teórico para que formandos e formados possam lidar melhor com as relações interpessoais dentro das realidades sociais nas quais se inserem. Esta disciplina também pode contribuir com o espaço clínico psicoterápico na formação e com os já formados, para que as comunidades usufruam de pessoas com saúde psíquica suficiente para que a missão seja executada num espaço relacional de equilíbrio e crescimento. Enfim, que a psicologia, ao alcançar o ambiente formativo, possa ser uma ferramenta especializada para fortalecer o amadurecimento humano nas dimensões associadas aos relacionamentos, tais como as instâncias que envolvem a afetividade, a liderança positiva, bom convívio com as diferenças, entre outras. Sobre a questão específica do desenvolvimento afetivo-sexual no decorrer da formação e seus impactos na missão, foi reservado um subitem, a seguir, para aprofundar assunto tão caro para o investimento formativo. Entretanto, é oportuno adiantar quão imprescindível é o enfoque a ser dado sobre este tema, porque é inerente ao próprio desenvolvimento da pessoa, integrado ao seu compromisso vocacional – a opção de vida consagrada se realiza no chão da humanidade integral de quem a assume! Prada Ramirez (2013) explicita que a Igreja hoje tem consciência sobre a importância do papel da psicologia no desenvolvimento afetivo do ser humano e incentiva a utilização da mesma no processo de formação sacerdotal e religiosa. O autor afirma ainda que a Igreja reconhece o progresso da psicologia e de outras ciências humanas estabelecendo uma boa comunicação com a fé e com a teologia, "e espera delas uma contribuição significativa para a formação dos candidatos ao sacerdócio e à vida consagrada e uma ajuda efetiva para a superação das crises que eles apresentam" (PRADA RAMIREZ, 2013, 51).

Por fim, outro impacto positivo causado pelo alcance da psicologia nos espaços formativos religiosos, a ser abordado neste capítulo, refere-se ao questionamento que tal demanda apresenta, à falta de investimento das instituições acadêmicas de psicologia em patrocinar uma capacitação especificamente voltada para este universo de atuação, a começar pela graduação. A expectativa é que o aumento progressivo dos profissionais da psicologia junto às casas de formação religiosa – assim como o bom e necessário diálogo entre a psicologia e os temas ligados à experiência religiosa, à espiritualidade e à vocação – possam seguir abrindo caminhos nos meios acadêmicos para incentivar e preparar novas gerações de psicólogos a se engajarem nesse campo de atuação.

4.1. A formação voltada para as dimensões da sociabilidade e da maturidade sexual que impactam as inter-relações nas comunidades eclesiais e em outros meios sociais que absorvem as atuações dos formandos

Em todos os documentos da Igreja Católica após o Concílio Vaticano II, portanto desde 1965, ao realizar reflexões e orientações formais em relação ao processo ideal de formação nos seminários e institutos religiosos, há uma posição convergente de que toda educação para a vida religiosa e sacerdotal tem de garantir a formação integral dos jovens formandos, sem deixar de fora as dimensões da sociabilidade e da maturidade sexual. Como exemplo de tal assertiva, segue a referência do importante documento *Ratio Fundamentalis*, no qual se destaca que a orientação para a formação tem que levar em conta o processo humano e individual de cada candidato ao sacerdócio:

> A chamada divina interpela e envolve o ser humano concreto. É necessário que a formação ao sacerdócio ofereça os meios adequados para facilitar o seu amadurecimento, com vista a um exercício autêntico do ministério presbiteral. Para este fim, o seminarista é chamado a desenvolver a própria personalidade [...]. (RFIS, n. 93).

Nesse sentido, as casas de formação são impelidas pelo documento a favorecer o processo formativo, dispondo os meios necessários para o amadurecimento integral do jovem em formação. Ainda com cores mais fortes, há o registro do quão marcante é a orientação oficial desse diretório para considerar a construção humana do jovem candidato à missão sacerdotal, por isso o documento da *Ratio Fundamentalis* se volta atentamente para a compreensão da dimensão humano-afetiva. As orientações são para que o seminário não seja "um mero prédio, burocrático e frio" (PEREIRA; REINOSO, 2017, 34), mas sim, primordialmente uma "comunidade de formação" (idem, ibidem). "Os elementos psicológicos no âmbito da afetividade são muito importantes para a pessoa do seminarista e do padre, bem como ponto fundamental da formação" (idem, ibidem).

É imprescindível o papel da psicologia para atender a tal demanda da formação integral no processo de desenvolvimento humano da população de formandos, porque é esta a ciência do comportamento que traz em sua vocação as ferramentas adequadas para oferecer um percurso de autoconhecimento, aceitação da própria história e técnicas para o ajustamento que favorece o bem lidar com os próprios condicionamentos. Tudo voltado para uma boa relação intrapessoal em favor da necessária e positiva relação interpessoal. Isso porque a comunidade eclesial e os outros meios sociais que absorvem esse grupo humano precisam ser impactados de maneira saudável pelas relações com os formandos, assim como o conteúdo das mensagens e projetos trazidos no bojo das suas missões ser bem recebido e traduzido em crescimento e sucesso. A contribuição maior da psicologia "é para a maturidade integral da pessoa: viver com maior profundidade aquilo em que cada um decidiu acreditar, através de um processo de integração progressiva entre estruturas psíquicas da personalidade e exigência postas pelos ideais" (CENCINI; MANENTI, 2019, 7).

Num encontro com formadores de congregações religiosas e com o clero diocesano na cidade de Curitiba, em 2017, o padre e psicólogo Amedeo Cencini abordou em sua fala, o tema "O modelo de integração e relação entre a formação inicial e permanente", defendendo que a formação significa evangelizar o mundo que está dentro de si mesmo e do outro, e que se estende à pessoa como um todo, de forma integral nos distintos níveis de composição da personalidade, em sua cultura, história familiar e nos demais aspectos. O primeiro ponto de atenção para a formação é a formação integral, para que o formando seja capaz de ser oferecido aos outros, àqueles que mais precisam da sua missão e do serviço. Cencini propõe que a formação somente se torna um processo eficaz quando estas três áreas dialogam entre si: o sujeito em formação, o destinatário da formação e o conteúdo da formação. A perspectiva social da opção pela consagração é defendida, porque se destina aos relacionamentos, com o fim de que os demais sejam conquistados para Deus e não para um fim próprio. Portanto, a formação precisa focar na capacidade relacional do jovem que busca a consagração para o serviço ao bem dos outros (CENCINI, Conferência I, 2017).

Pereira e Reinoso (2017) descrevem que, no meio eclesial, os conteúdos classificados como de maior interesse são os relacionados aos temas da afetividade. Atualmente, a disposição e a vontade na busca da ajuda espiritual e psicológica têm crescido essa disposição "está relacionada ao reconhecimento da realidade em dimensões que precisam ser revistas e aprofundadas" (PEREIRA; REINOSO, 2017, 39-40). Os autores seguem afirmando que já é muito comum as iniciativas de religiosos querendo conhecer melhor suas dificuldades na perspectiva de superação e crescimento pessoal. Daí a importância da "introdução gradual de equipes de ciências humanas, [...] na formação inicial e permanente" (idem, 40). Em seu trabalho, os autores identificam também que o "valor dado à psicoterapia, por bispos e encarregados da pastoral presbiteral, tem implicações importantes para os processos de elaboração dos conflitos afetivos" (idem, ibidem). Pereira e Reinoso observam ainda que neste universo da sexualidade, os valores positivos associados à vivência da castidade consagrada servem de motivação para que os formandos e formados aprofundem a sua vida afetiva, tanto no percurso histórico individual como na escuta da estrutura e desenvolvimento da sua própria sexualidade.

Muito além da preparação do conteúdo teológico, pastoral e institucional a ser encaminhado às comunidades através dos seminaristas, formandos, padres, religiosos e religiosas, já é unanimidade na Igreja Católica a necessidade da integral preparação das pessoas envolvidas no processo de formação inicial, continuada e permanente, contemplando todas as dimensões humanas que compõem a personalidade dos seus membros. Essa preparação precisa objetivar uma fundamentação consistente da identidade de cada jovem em formação e de cada adulto já formado, para fazer valer todo o potencial psíquico positivo no serviço aos outros, assim como os cuidados perante dificuldades inter-relacionais no trato com as lideranças, autoridades, comunicações e os relacionamentos afetivos. Segundo Wisniewski, o processo de formação da identidade merece resguardo para proteger a própria integridade, "estar inteiro" (WISNIEWSKI, 2019, 8), a fim de que a pessoa assegure a verdade sobre si e sobre os outros, sem permitir a fragmentação, opondo-se às massificações e corrupções, mantendo as condições salutares para alcançar e fazer prevalecer "a maturidade intelectual, espiritual, social e afetiva" (idem, ibidem).

A Igreja Católica, inserida completamente na realidade dos movimentos e impactos culturais da sociedade em geral, assim como em todas as instituições sociais existentes, tem buscado conviver com esse meio circundante sem perder de vista os valores e princípios que sustentam o sentido da sua existência. Esse é um grande desafio para o trabalho de formação afetiva dos novos presbíteros e religiosos, pelo convívio com os relativismos valores do secularismo no qual a tendência é fazer do prazer individual o fim maior para a realização. Tais valores reforçam a postura de estabelecer laços descartáveis nas condutas inter-relacionais, reduzidos a objeto de satisfação imediata e descomprometida. O trabalho de formação e a própria vivência do consagrado já em missão não está livre desta situação que o envolve nos seus contatos com os meios sociais, seja no presencial, seja nas realidades virtuais das comunicações através da internet.

Bolfe considera que a sociedade contemporânea está imersa numa cultura com marcantes aspectos da permissividade sexual e "da banalização das relações afetivas" (BOLFE, 2020, 75), o que influencia todas as relações interpessoais, em especial através dos meios de comunicação, com destaque para o acesso facilitado à internet e às redes sociais. No contexto das casas de formação religiosa, esta realidade, como em outros contextos sociais, é afetada diretamente contribuindo nos eventos de crise afetiva, interferindo objetivamente no desenvolvimento da maturidade humana e no discernimento vocacional. Essa realidade tem impacto adicional reforço nas dificuldades e nos conflitos ocasionados entre os jovens formandos e suas relações nas comunidades em que atuam pastoralmente, e em outros ambientes nos quais também se inserem. Tais dificuldades precisam ser absorvidas como oportunidades para que ocorram maiores investimentos numa formação cada vez mais voltada para o autoconhecimento e amadurecimento humano afetivo. Os momentos de crises e inconsistências são sinais de demandas de abertura, de disposição para a comunicação franca com a comunidade fraterna na qual o formando vive a sua preparação. Desse modo, ele pode ser encaminhado por seus formadores e pelos profissionais da psicologia ao devido acompanhamento entre os disponibilizados pela instituição. Espera-se, também, que esse mesmo procedimento de atenção e acompanhamento esteja presente em outros períodos da vida dos consagrados, mesmo após o tempo específico de formação, já como padres e religiosos adultos, com a instância da formação permanente. Assim sendo, nas palavras de Bolfe, "o período de inconsistência requer do presbítero abertura, diálogo e acompanhamento. A repressão precisa ser substituída pela integração dos afetos" (BOLFE, 2020, 45).

Em relação ao contexto de impacto e influência dos valores seculares que podem comprometer o bom desenvolvimento humano afetivo dos formandos, é um indicativo pertinente que eles possam estabelecer uma relação de abertura e autenticidade em relação aos seus sentimentos e dificuldades associados às suas condutas. O meio formativo cotidiano deve ser um espaço favorável de amparo e confiança, onde o formando tenha a liberdade de expressar sobre si mesmo e sua vida de relações, prevenindo a possibilidade de esconder aspectos que naturalmente fazem parte de sua identidade e percurso de vida, gerando uma repressão interior que pode trazer danos maiores para seu desenvolvimento humano e vocacional.

No ano de 2013, ainda sob o pontificado de Bento XVI foi lançado o *Diretório para o Ministério e a Vida dos Presbíteros* (DMVP), documento da Congregação para o Clero e que propõe ao padre "a fraternidade sacerdotal, o cuidado de ter bons relacionamentos com as pessoas, a ascese e o domínio de si mesmo" (DMVP, n. 82), apontando para o bom investimento na sociabilidade, tanto interna entre os conviveres da mesma comunidade em que reside, assim como com outros e quaisquer meios sociais. Em relação aos contra valores do estilo de vida religiosa dos que nela estão, o Diretório orienta que haja o incentivo de vivências e atividades que fomentem a cultura de vida saudável nas diversas dimensões da existência, para ajudar nos desafios cotidianos "diante de tudo aquilo que é degradante e nocivo, nutrir certa paixão pelo próprio ministério apostólico, aceitar serenamente certo tipo de solidão, uma sapiente e profícua gestão do tempo livre para que não se torne um tempo vazio" (idem, ibidem).

Essa questão da formação voltada para as dimensões da sociabilidade e da maturidade sexual que impactam a saúde psicológica dos formandos, assim como as suas inter-relações, e precisa ser sempre mais priorizada como alicerce nos programas das instituições de formação para o sacerdócio e para vida religiosa. Conteúdos como formação da personalidade, sexualidade e sua relação com a castidade, relações interpessoais, entre outros, precisam ser estudados, aprofundados e conversados dentro da rotina de formação e convívio nas casas de formação. Essa é uma concepção que não pode ser meramente sacada para resolver situações já transformadas em problemas e crises, mas primordialmente precisa ser uma conduta educativa para fortalecer o desenvolvimento da pessoa em formação. Desta forma, a pessoa em formação pode lidar com a sua opção vocacional, resguardando o bem-estar individual e, consequentemente, o bem-estar da Igreja com os seus propósitos. Portanto, trata-se de uma medida preventiva que pavimente o desejado percurso saudável de formação e que assegure gerações com qualidade positiva na relação entre realização pessoal e vocacional, com o serviço apropriado às pessoas que consomem dos ideais da Igreja.

A desvalorização da formação humana nos moldes supracitados acarreta a escassez ou ausência de suporte em relação a tais conteúdos e promove a facilidade para as situações de vida dupla, infidelidade com os princípios da opção, confusão no discernimento vocacional e infelicidade no projeto de realização existencial. Assim sendo, a pessoa que se nutre de uma formação fragilizada submete facilmente suas relações sociais com vivências negativas, colocando em perigo a missão através da qual se destina todo investimento formativo, bem como a imagem institucional da Igreja. É indispensável a ajuda dos instrumentais da psicologia na promoção do autoconhecimento para a integração humano-afetiva e social, promovendo a saúde psíquica que edifica os relacionamentos de forma amadurecida, não havendo predominância de apego e dependência, mas a autonomia emocional que assegure as vivências construtivas e terapêuticas de amizade capazes de equilibrar o afeto na sua estrutura da sexualidade. As consequências da falta de atenção com a formação qualificada que aborde essa dimensão humano-afetiva já são bem conhecidas tanto nas circunstâncias particulares dentro das casas de formação, congregações e dioceses quanto nas consequências que se convertem em variados escândalos públicos como os que envolvem abusos sexuais. É necessário destacar que o fato desastroso ocorrido na ponta final, através de uma má conduta individual, não pode ser tratado como um problema exclusivo do indivíduo, mas sim uma responsabilidade institucional intrinsecamente envolvida na formação e no acompanhamento de cada um dos seus membros. Pereira e Reinoso descrevem de forma assertiva que "os problemas que ocorrem na área da afetividade não são apenas sintomas individuais. As pessoas também manifestam sintomas como expressão de uma organização institucional que os facilita, e até mesmo os provoca" (PEREIRA; REINOSO, 2017, 40). Os autores ainda apontam para a realidade de que as crises existentes nas dioceses ou nas congregações podem repercutir diretamente nas realidades dos ambientes formativos, como "numa verdadeira caixa de ressonância" (idem, ibidem).

  Não existe outro caminho para melhor lidar com as consequências desastrosas de uma formação deficitária do que a atitude madura de reconhecimento das próprias fragilidades institucionais, da justa coragem de responder pelos atos errados e criminosos, bem como a vontade política de ajustamento dos processos formativos para melhor embasar suas devidas inspirações de uma preparação mais adequada e salutar de futuros quadros. Que os erros, desde os menores, aos mais significativos, em forma de escândalos ocorridos, sejam transformados em motivos positivos e necessários para uma ampliação da consciência de maiores investimentos na formação humana, como oportunidade de desenvolvimento e segurança na opção vocacional sedimentada na maturidade e no crescimento.

Tais situações levaram à dessacralização dos padres e a um renovado interesse pelos temas da afetividade e da sexualidade, pelo conhecimento da origem destes atos e o desejo de pesquisar o campo das perversões ou parafilias (idem, ibidem).

Com o objetivo de contemplar uma formação integral, em que o trabalho deve levar em consideração o desenvolvimento humano do formando, faz-se necessário que os conteúdos ministrados, as orientações e o acompanhamento conduzam à integração do tema da sexualidade e das inter-relações, com a perspectiva do compromisso com o estilo de vida celibatária. Nesse sentido, Prada Ramirez (2013) apresenta um "Programa de formação para o celibato", elaborado por uma equipe de formadores coordenados pelo psicólogo Raymond Douziech, que destaca a importância de oferecer um desenvolvimento psicossexual progressivo aos jovens em formação. O programa apresenta em sua proposta geral os seguintes aspectos a serem trabalhados:

- Saudável entendimento e apreço do significado da sexualidade, na intenção de compor um "esquema cognitivo" (PRADA RAMIREZ, 2013, 297) realista e positivo sobre ela.
- Ampla apresentação do celibato e da castidade consagrada conforme as diretrizes oficiais da Igreja e dos institutos em específico, com destaque para as dimensões espirituais, práticas e de conteúdo.
- Positiva compreensão da "intimidade humana com respeito ao celibato vivido em comunidade presbiteral ou religiosa, entre homens e entre mulheres e no apostolado ou ministério" (idem, 298).

- Trabalho em relação aos valores e limites existentes no universo das amizades, tanto dentro da comunidade fraterna como no apostolado, numa perspectiva profissional e prática.

- Enfoque sobre a vivência do celibato e da castidade experienciada na diocese ou no instituto de vida consagrada, "tanto em nível de comunidade (*ad intra*) como de apostolado (*ad extra*)" (idem, ibidem).

O programa ainda sinaliza que é responsabilidade dos que estão no comando do processo formativo atentar para a forma como será viabilizada a formação para o celibato. O desenvolvimento do programa tem de ser conduzido por toda equipe de formação, com a ajuda de profissionais externos, mas incorporados no suporte para administrar alguns aspectos específicos do programa associados a temas da psicologia, medicina e outras disciplinas profissionais. São profissionais que contribuem sob a supervisão dos formadores e em sintonia com as orientações institucionais. A proposição deste programa é que o trabalho de formação para o celibato deve permear todas as etapas formativas, de maneira progressiva, desde o ingresso na casa de formação até o período preparatório conclusivo para o ministério sacerdotal ou para a profissão dos votos perpétuos.

> Espera-se que o desenvolvimento progressivo do dito programa, do geral ao específico, ofereça confiança e tranquilidade aos seminaristas e candidatos religiosos para comunicar e partilhar, de maneira mais livre, as dimensões do seu desenvolvimento psicossexual. Serão ajudados a desenvolver atitudes e expressar com vocabulário apropriado suas emoções e sentimentos. O objetivo não é ter candidatos que tenham muitos conhecimentos, mas pessoas que os tenham integrado em suas vidas como candidatos que valorizam o celibato e a castidade consagrada. (PRADA RAMIREZ, 2013, 298-299).

Enfim, com a implantação de programas como o mencionado, a Igreja, de uma forma universal e oficial, não pode negligenciar a necessidade de garantir nos processos formativos uma educação qualificada e contínua para a formação voltada às dimensões da sociabilidade e da maturidade sexual que impacte as inter-relações nas comunidades eclesiais e em outros meios sociais que absorvem as atuações dos formandos. O precioso trabalho de amparo ao desenvolvimento humano afetivo tem que ser uma tarefa de compromisso não somente de uma diocese ou congregação em particular, mas sim de toda Igreja Católica. Os conteúdos ligados à sexualidade e aos relacionamentos interpessoais precisam estar permanentemente na agenda das casas de formação, exigindo das dioceses e congregações uma equipe formativa bem estruturada. Essa equipe precisa fazer com que o próprio bispo ou superior religioso, no caso das congregações, sintam-se integrados a ela, além dos leigos e profissionais peritos para suportes técnicos.

4.2. A possibilidade de impactar o meio acadêmico para que haja investimento na formação dos futuros psicólogos para esta área de atuação

A presença da ciência da psicologia nos espaços de formação dos seminários e dos institutos de vida consagrada, com a sua crescente aceitação de suporte aos programas formativos, apresenta um benefício importante de expansão do serviço psicológico para o trabalho de aconselhamento, assessoria, consulta e suporte, ampliando o raio de atuação do psicólogo. Além de redimensionar a visualização das competências da psicologia, promove-se uma solução de ampliar também o mercado de atuação profissional. Tal promoção não abrange somente o lugar de atuação, mas também amplia a forma de atuação, trazendo para perto da profissão, além da perspectiva clínica com o psicodiagnóstico e a psicoterapia, as possibilidades do serviço educativo com formação e consultoria. Ainda nesta direção de impacto e ampliação, há também a expectativa de que as produções teóricas, como a da presente obra, possam servir de motivação para que os meios acadêmicos sejam motivados a expandir seus currículos e formações, a fim de capacitarem futuros psicólogos para atuarem em espaços como os dessas instituições religiosas e outras organizações psicossociais similares.

Atualmente não há registros, na realidade acadêmica brasileira, da oferta para capacitação de profissionais voltada para a atuação em instituições de formação religiosa. Tal preparação dos profissionais acontece através de cursos breves, seminários ou encontros promovidos de forma particularizada por faculdades católicas e órgãos da Igreja Católica como a CNBB e a CRB. São iniciativas importantes, mas muito escassas para o tamanho da demanda em fomentar uma capacitação de qualidade aos profissionais interessados e até mesmo para servir de motivação para que outros possam se interessar pela atuação nessa área. Além de tais possibilidades, restam as iniciativas próprias de cada psicólogo e psicóloga investindo em sua formação com leituras especializadas e compartilhamento de experiências entre os profissionais que trabalham nesses contextos.

Vale ressaltar que, bem aproximado a essa realidade da psicologia integrada ao trabalho das casas de formação religiosa, existem os estudos sobre a psicologia da religião que ajudam muito no conhecimento e na compreensão sobre o fenômeno religioso no trabalho de acompanhamento dos jovens formandos. As pesquisas dessa área já são bem mais encorpadas e estabelecidas em nível acadêmico, tanto em formato de disciplinas quanto em cursos de especialização. Ainda que seja considerada uma subdisciplina da Ciência da Religião, suas contribuições têm sido de máxima importância para aqueles que atuam no campo da formação religiosa. Porque, como bem descrito na abordagem de Valle (1998), trata-se de não perder de vista o objeto de estudo da Psicologia da Religião, que é o entendimento de como os fenômenos religiosos são vivenciados psicologicamente pelo indivíduo, assim como estudar os aspectos psicológicos envolvidos na experiência da fé.

Os avanços dos estudos e pesquisas, com as suas valiosas publicações, servem de poderoso aporte teórico para a ampliação da compreensão dos aspectos psicológicos envolvidos no universo do acompanhamento vocacional para a vida religiosa. Uma vez que a experiência religiosa, além de surgir no indivíduo antes da experiência vocacional específica, compõe a estrutura de base na qual é alicerçada a escolha vocacional. São muitos os autores que já delinearam no mundo literário e acadêmico um patrimônio respeitável sobre os conteúdos associados à experiência religiosa. Segundo Oliveira, em relação a Psicologia da Religião, Jung, "pode ser considerado como um de seus mais expressivos representantes e seus aportes teóricos cobriram um amplo campo de diálogo com a filosofia, a teologia cristã, a mitologia e a história das religiões" (OLIVEIRA, 2012, 8). Diante da clareza do seu papel como psicólogo, ao conceber o estudo da religião como matéria pertinente para a psicologia, Jung afirma:

> [...] considero minha tarefa mostrar o que a psicologia, ou melhor, o ramo da psicologia médica que represento, tem a ver com a religião ou pode dizer sobre a mesma. Visto que a religião constitui, sem dúvida alguma, uma das expressões mais antigas e universais da alma humana, subentende-se que todo o tipo de psicologia que se ocupa da estrutura psicológica da personalidade humana deve pelo menos constatar que a religião, além de ser um fenômeno sociológico ou histórico, é também um assunto importante para grande número de indivíduos (JUNG, 2011, 17).

A concepção já apresentada neste trabalho sobre a importância do serviço da psicologia na formação humana dos candidatos ao sacerdócio e à vida religiosa absorve dos estudos da *Psicologia da Religião* a colaboração científica das conclusões e reflexões sobre o conteúdo psicológico na relação da pessoa com o transcendental, assim como Vergote (1983), que defendeu a ideia de que tudo no indivíduo, inclusive sua vivência religiosa, é de natureza psicológica. Esta assertiva de que o alvo da Psicologia da Religião é o comportamento religioso revelado pelos indivíduos inseridos num contexto social, trazendo consigo uma bagagem histórico-cultural e a estrutura psicológica da pessoa, agrega interesse imediato no trabalho junto aos espaços formativos dos institutos religiosos que vão lidar com o favorecimento do desenvolvimento humano para melhor aderir ao projeto vocacional e de vida de cada um.

O patrimônio da teoria junguiana para a compreensão da relação do homem com a sua experiência religiosa tem de ser concebida como uma contribuição sem igual para a Psicologia da

Religião. O trabalho dos autores Cunha Nascimento e Caldas, com base na obra de Jung, *Os arquétipos e o inconsciente coletivo* (2012) traz a ideia fundamental do homem que experimenta a experiência religiosa, ao ser sensibilizado pelo seu material inconsciente, tende a projetá-los no mundo, tornando consciente a realidade dessa "instância arquetípica" (CALDAS; NASCIMENTO, 2020, 75) maior que sua vivência consciente, gerando na experiência da sua espiritualidade a condição saudável de fortalecimento para buscar ajuda em si mesmo, a fim de lidar com as dificuldades e encaminhar com maior assertividade e completude o sentido da sua realização. Trata-se da compreensão do conceito etimológico de religião no seu sentido pleno de *re-ligare*, ou seja, a contínua possibilidade da experiência da renovação da ligação do homem com Deus, do "ego ao *self*" (idem, ibidem).

Segundo Assis e Godoy (2020), com base em Jung, especificamente na obra *Psicologia e Religião* (2011), fica evidenciado que seu interesse não é voltado para o estudo de uma religião em si, mas sim ao fenômeno religioso, através do qual observa o homem em sua imanência e transcendência. Assim fica estabelecida a demanda de que a pessoa precisa garantir uma percepção mais aprofundada sobre si mesma, a fim de compreender-se de maneira mais integral em meio ao universo que a envolve. Como um ser incompleto, carente, com seus sentimentos, afetos, pensamentos e emoções, bem como com as suas dúvidas, conflitos, angústias e frustações, necessita de uma complementariedade ao lidar consigo mesmo, condicionado e muitas vezes vazio em seu sentido de vida. Assim sendo, destaca-se a importância de conhecer e considerar as experiências religiosas e sua força terapêutica, tanto em nível individual como coletivo. Por isso, a psicologia da religião, como uma área de estudo fundamental na compreensão dos fenômenos religiosos, precisa ser mais e melhor considerada nas práticas pastorais, comunitárias e formação para o sacerdócio e para a vida religiosa.

É necessário que os institutos acadêmicos para formação de profissionais da psicologia constatem a real demanda de disponibilizar os temas e conteúdos relacionados à psicologia da religião, para atender aos apelos contemporâneos de diálogo com as experiências religiosas tão presentes nas pautas dos consultórios psicoterápicos, bem como nos trabalhos da psicologia comunitária, hospitalar e, dentre elas, no serviço de formação aos seminários religiosos e casas de formação para a vida religiosa. Oliveira (2010) descreve acertadamente a importância da comunicação em mão dupla entre a religião e a psicologia, sob os padrões do rigor metodológico para que não haja a tentativa de superposição entre os dois campos, não para reduzir um ao outro, mas, acima de tudo, para indicar os cuidados que o profissional da psicologia deve ter ao considerar a realidade da vivência religiosa na condição humana. A formação do psicólogo, para bem lidar com a experiência religiosa e vocacional, tem que ser conduzida pela atitude profissional de acolhimento da pessoa como um todo e de todas as suas demandas, sem abrir o menor espaço para afirmar a verdade ou falsidade de qualquer posicionamento ou credo religioso. Corazza (2016), em sua obra já referenciada *Psicologia e Religião* (2011), ao citar Jung, no que se refere à abordagem sobre religião, afirma que o fundador da psicologia analítica não quer se referir a uma confissão específica de fé ou instituição religiosa, mas a uma experiência de espiritualidade como algo maior, "numinoso" na terminologia junguiana, bem como às possibilidades de mudança de consciência como fruto de tal vivência. Ao trabalhar temas relacionados à experiência religiosa, o profissional da psicologia deve focalizar na questão da pessoa diante da dimensão religiosa, privando-se, como bem diz Jung, "da pretensão de todo credo religioso: a de ser possuidor de verdade exclusiva e eterna" (JUNG, 2011, 22).

É bem relevante o exercício de adentrar nas contribuições dos estudos sobre psicologia da religião, no sentido de fornecer maior fundamentação para o trabalho com as ferramentas da psicologia no processo formativo religioso. Entretanto, obviamente, isso não é suficiente para atender o pleito de um esquema mais robusto de capacitação para esse tipo específico de atuação. Faz-se mister uma proposição formativa que atenda diretamente à necessidade de uma formação profissional que proporcione o reconhecimento das competências do psicólogo e o desenvolvimento das suas habilidades. No periódico *Papeles del psicólogo*

(1998), publicado pelo Conselho Geral de Psicologia da Espanha, há uma descrição de que o Colégio de Psicólogos de Madri, ao definir o perfil profissional do psicólogo e suas competências em relação ao potencial de intervenção psicossocial, vai para além do lugar comum já estabelecido com a clínica, a escola e a organização empresarial, e aponta o alcance para a atuação deste profissional também no aconselhamento, assessoria, consulta e suporte. São perspectivas para áreas de atuações generalizadas de prevenção, formação educativa e acompanhamento em diversas áreas sociais. Aqui reside um exemplo de como a psicologia pode ser redimensionada em função de um alcance de atuação cada vez mais estendido.

Uma das competências indispensáveis para a atuação profissional nos institutos de formação é a assessoria. Ainda em referência ao periódico supracitado no parágrafo anterior, a assessoria é apresentada como um auxílio aos indivíduos que, neste trabalho específico, são os formandos e formadores, para que reflitam melhor sobre uma situação qualquer, com dados esclarecedores sobre a dificuldade demonstrada. E, a partir daí, empoderar as pessoas de possibilidades para que, por si mesmas, obtenham uma visão diferenciada sobre o problema em questão, levando-as a tomadas de decisões mais facilitadas, bem como o estabelecimento de "estratégia que possibilite o enfrentamento, com autonomia, de situações futuras similares à atual" (COLÉGIO DE PSICÓLOGOS DE MADRID, 1998). Para manter como exemplo a Espanha, especificamente o Colégio de Psicólogos de Madri, a assessoria é uma competência descrita e valorizada por outras diversas entidades espanholas, como o *Boletín del Estado Español* (2009), que é o diário oficial do Estado, em que se publicam as normas e outros atos da inserção pública obrigatória, o qual assegura, entre as funções dos psicólogos, a realização de "trabalhos de assessoria, de interconsulta, assim como de conexão com outros profissionais de saúde de diversas especialidades" (BOLETÍN..., 51215). De forma similar, o mesmo é defendido pela Universidade de Granada, pela Universidade de Barcelona e outras instituições acadêmicas que descrevem a assessoria como uma tarefa de prevenção social com o objetivo de assistir educadores e colaboradores para que possam desenvolver programas associados "à educação para a saúde, educação afetivo-sexual, prevenção de dependentes de drogas e de projetos ligados" (idem, ibidem).

A pretensão com esta leitura de ampliação da psicologia é impactar os profissionais envolvidos diretamente com as instituições acadêmicas do curso de psicologia, para que possam refletir e conduzir para dentro das suas instituições a importância desta formação para as intervenções psicossociais. A outra pretensão é a de mobilizar os profissionais da área de saúde psíquica e afins, com interesse de atuação junto às instituições formativas religiosas, para que busquem formação adequada para esta via profissional, no intuito do bom desenvolvimento de competências e habilidades para a excelência deste trabalho.

A título de conclusão deste subitem, e ainda tendo como referência o conteúdo da revista *Papeles del psicólogo* (1998) sobre as recomendações do Colégio Oficial de Psicólogos da Espanha, vale a descrição de algumas das principais competências e habilidades para o desempenho profissional da psicologia no contexto da saúde, que aqui é encaixado no que se espera desse profissional no serviço psicológico às casas de formação religiosa. No tocante às competências, destacam-se as seguintes:

- Saber identificar, selecionar e aplicar as principais técnicas de intervenção psicológica.

- Ter ciência de como estabelecer e elaborar um plano de intervenção em função de seu propósito (prevenção, tratamento, reabilitação, inserção, aconselhamento, assessoramento, acompanhamento etc.).

- Competência de aconselhamento psicológico, avaliação psicológica, psicoterapia e mediação.

- Intervenção com consultoria, assessoramento e formação de formadores.

- Competências relacionadas ao trabalho com equipes multidisciplinares.

- Coordenação de trabalhos em grupos com técnicas apropriadas.

Em relação às habilidades esperadas para uma boa atuação profissional, destacam-se as seguintes:

- Habilidades relacionadas ao diagnóstico de contextos comunitários sob o ponto de vista psicossocial para a identificação das causas das problemáticas psicológicas.
- Habilidades comunicativas básicas.
- Habilidades na redação de relatórios psicológicos sobre as ações realizadas no contexto da intervenção.
- Habilidades docentes.
- Habilidades na assessoria e nos treinamentos formativos.
- Habilidades investigativas no contexto comunitário.

CAPÍTULO 5

Marco empírico – um trabalho de pesquisa entre formandos e formadores para certificar sobre o impacto da psicologia nos institutos de formação religiosa

> Acredito que um profissional de psicologia poderia ser um grande auxílio na formação humana, essencial para a vida do sacerdote ou religioso, sendo um instrumento à disposição dos formandos para entender a si mesmo e aos outros, sem a limitação de rótulos e preconceitos que infelizmente podem existir no início de toda relação humana e no necessário processo de descoberta e conhecimento de si mesmo.
> (Comentário de um formando presente nas justificativas da pesquisa realizada para este trabalho)

A finalidade da pesquisa que compõe esta obra é do tipo explicativa, pois tem como objetivo estudar e analisar os aspectos fundamentais que favorecem e dificultam a utilização da psicologia nos institutos de formação para o sacerdócio e para vida religiosa. Este tipo de estudo tem como subcategoria a investigação-ação, com uma conduta exploratória voltada tanto para os trabalhos já publicados quanto para o levantamento de dados realizado por intermédio da aplicação de questionário. O tipo de abordagem desta pesquisa, ou seja, a natureza da pesquisa, é qualitativo, porque lida com uma realidade social envolvendo elementos subjetivos do comportamento humano.

O fim ao qual se destina esta pesquisa de campo é a promoção de condições para validação das questões levantadas nos capítulos anteriores, no que se refere aos objetivos deste projeto, que estão agrupados para análise e constatação sobre o impacto da psicologia no processo formativo dentro dos institutos que preparam sacerdotes e religiosos na Igreja Católica.

O local da pesquisa do ponto de atuação do pesquisador foi a cidade de Fortaleza, no estado brasileiro do Ceará. O instrumental usado foi o formulário *Google Docs*, aplicado via internet, com a coleta de dados em diversas instituições no Brasil: Seminário Propedêutico da Arquidiocese de Fortaleza (Ceará), Seminário de Filosofia da Arquidiocese de Fortaleza (Ceará), Seminário da Diocese de Crateús (Ceará), Comunidade Católica Shalom (Ceará), Religiosos da Sagrada Face (Ceará), Plano de Candidatos dos Jesuítas do Brasil (SP) e Noviciado dos Jesuítas no Brasil (Bahia). Para complementar a amostra de formadores, ainda participaram da pesquisa religiosos(as) da Diocese de Limoeiro do Norte (Ceará), Congregação das Monjas Beneditinas de Fortaleza (Ceará), Congregação das Filhas de Santana (Ceará), Congregação das Religiosas de Maria Imaculada (Ceará), Congregação das Religiosas Missionárias de Nossa Senhora das Dores (Ceará), Congregação das Irmãs de Santa Elisabete (Ceará) e Juniorado dos Jesuítas no Brasil (Minas Gerais). A amostragem para a realização deste trabalho reuniu 122 formandos e 28 formadores integrantes destas instituições supracitadas, totalizando um público de 150 pessoas envolvidas nesta pesquisa.

Foi feito um contato inicial com os responsáveis das instituições de formação para exposição da pesquisa e as devidas autorizações por meio da assinatura da "Declaração de Instituição Participante" para a realização da mesma. Com as declarações assinadas pelos responsáveis das instituições convidadas, as mesmas foram enviadas à Plataforma Brasil, no intuito de que a pesquisa pudesse ser autorizada e subsequentemente iniciada. A Plataforma Brasil é uma base nacional e unificada de registros de pesquisas envolvendo seres humanos para todo o sistema CONEP (Comissão Nacional de Ética em Pesquisa), que é a instância máxima de avaliação ética em protocolos de pesquisa envolvendo seres humanos) e pelos CEPs (Comitês de Ética em Pesquisa), instâncias regionais dispostas em todo território brasileiro. São setores especializados, sob a tutela do Conselho Nacional de Saúde, com o intuito de permitir que as pesquisas sejam acompanhadas em seus diferentes estágios – desde sua submissão até a aprovação final para aplicação, tornando o processo de submissão e apreciação ética, mais seguro e confiável.

Todos os participantes concordaram em fazer da pesquisa, por meio da assinatura do "Termo de Consentimento Livre e Esclarecido" (TCLE), como autorização individual para a realização da coleta e publicação dos dados.

Para a inclusão dos participantes na definição da população-alvo deste estudo, o critério primeiro foi que o voluntário somente participasse do estudo por exclusiva vontade, sem nenhuma imposição, inclusive da própria instituição da qual ele pertencia. Outro critério foi que o pesquisando estivesse vivenciando ou tenha vivenciado o processo de formação para o sacerdócio ou para vida religiosa na Igreja Católica, seja como formando, seja como formador. Foi um critério de exclusão a delimitação da faixa etária que impediu a participação de jovens abaixo de 18 anos, mesmo que já estivessem no processo formativo institucional.

No que se referiu aos procedimentos, a proposta constituída foi a de levantamento de dados, através do Formulário *Google Docs*, usando um questionário estruturado que apresentou questões fechadas com possibilidades de justificativas, para verificação das demandas em relação à atuação do psicólogo nas instituições formativas. A intenção foi medir os percentuais de aceitação junto aos formandos e formadores, assim como a mensuração do grau de impacto no trabalho dos formadores e no desenvolvimento dos formandos. Esses dados foram operacionalizados e demonstrados por meio de tabelas estatísticas e gráficos fornecidos pelo próprio formulário *Google Docs*, e, em seguida, analisados e demonstrados no capítulo deste livro que trata sobre os resultados da pesquisa.

Vale o registro, no que se refere ao benefício direto a ser usufruído pelos participantes da pesquisa (formandos e formadores) de que o acesso aos resultados dos dados coletados, integrados na composição deste estudo, seja através desta publicação editorial. Este benefício do acesso aos dados coletados, analisados e integrados no conteúdo do trabalho, caracteriza-se como uma possibilidade de conceber material atualizado de estudo, reflexão e aprofundamento sobre a possibilidade de viabilizar a psicologia no processo formativo dentro das suas instituições, e no caso de já estar sendo usada, se tem havido resultados satisfatórios e se há demanda de ajustes. Outro benefício deste trabalho também se estende a dioceses e Instituições em geral que trabalham com a formação, que não participaram desta pesquisa, para que tenham acesso a mais um recurso qualificado e especializado como instrumento favorável no apoio ao trabalho de formação, em suas instituições religiosas. Tal benefício, ao tornar conhecido este trabalho, pode promover às dioceses e institutos de vida consagrada que não tenham a prática de parceria com a psicologia a ideia de reforçar a possibilidade de poder usufruir desta intervenção de assessoria profissional na formação dos seus membros em formação.

5.1. Os resultados da pesquisa de campo

Foram aplicados dois questionários distintos com perguntas diferentes para cada grupo, um para os formandos e outro para os formadores. O objetivo principal para a realização dessa coleta de dados foi analisar o impacto da psicologia e da atuação do psicólogo, em relação ao suporte no trabalho de formação humana, nas Instituições da Igreja Católica no Brasil que preparam jovens para se tornarem religiosos (irmãos e irmãs) e sacerdotes. A partir desta premissa, as perguntas tiveram como objetivos específicos identificar de que forma o uso da psicologia pode ser favorável no trabalho da formação humana nessas instituições, verificar se há viabilidade no serviço da psicologia clínica, com a oferta da avaliação psicológica e da psicoterapia no processo formativo, e pesquisar sobre a validade de assessoria psicológica aos formadores, responsáveis pelo trabalho, tanto com capacitação teórica quanto em consultoria.

Foram enviados convites para participação da pesquisa a 145 formandos, dos quais foram obtidas 122 respostas de formandos, com 84,13% de participação. Aos formadores, foram enviados para 33 pessoas, com obtenção de 28 participações, atingindo 84,84% de respostas.

Na primeira parte dos questionários, foram respondidas cinco perguntas sobre a identificação do participante, abordando a qual instituição ele pertence, tempo em que está em formação (só para os formandos) ou neste trabalho formativo (só para os formadores), idade, grau de instrução e uma pergunta exclusiva aos formadores sobre em qual curso superior se formou.

Na segunda parte da pesquisa, foram feitas perguntas referentes aos conteúdos associados aos objetivos deste projeto, que é analisar o impacto da psicologia no processo de formação nos institutos formativos católicos de preparação para o sacerdócio e para a vida religiosa.

A seguir serão apresentados os gráficos com os percentuais de respostas de cada uma das questões, tanto dos formadores quanto dos formandos.

Seção 1: Resultados da pesquisa com os formadores

Nesta seção de respostas coletadas com o grupo de formadores, foi possível verificar o perfil de religiosos distribuídos em três instituições, que são Seminário Diocesano, Instituto de Vida Consagrada feminina e Instituto de Vida Consagrada masculina, sendo que nesta última se concentrou o maior índice de respostas, com 39,3% de participação (gráfico 1 da seção 1).

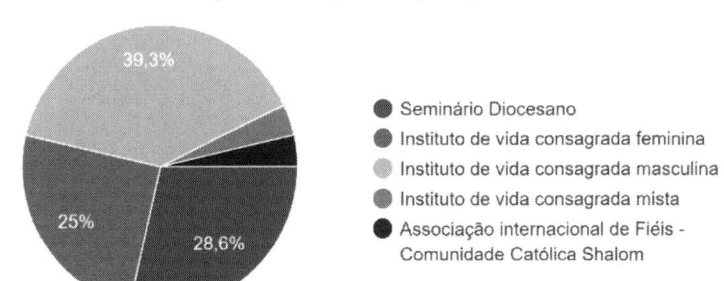

Gráfico 1 – Identificação: instituições às quais pertencem os formadores

- Seminário Diocesano
- Instituto de vida consagrada feminina
- Instituto de vida consagrada masculina
- Instituto de vida consagrada mista
- Associação internacional de Fiéis - Comunidade Católica Shalom

(39,3%; 28,6%; 25%)

Esses formadores participantes, em sua maioria, já estavam neste trabalho formativo por mais de dois anos; 28,6% deles, por mais de seis anos. Apenas 7,1% estavam atuando na formação por menos de um ano. O que significa que a pesquisa teve um número significativo de formadores com experiência neste trabalho, favorecendo respostas mais consistentes (ver gráfico abaixo).

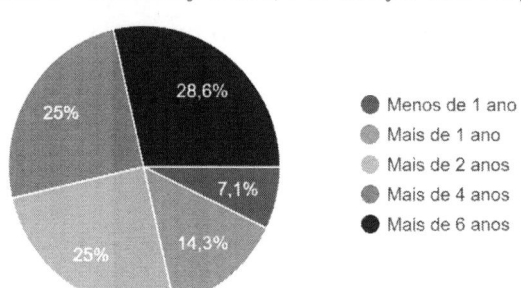

Gráfico 2 – Identificação: tempo de atuação na formação

- Menos de 1 ano
- Mais de 1 ano
- Mais de 2 anos
- Mais de 4 anos
- Mais de 6 anos

28,6% / 25% / 25% / 14,3% / 7,1%

A faixa etária deste grupo predominou em dois grupos com maiores percentuais (gráfico 3, a seguir), que são os que estavam entre 36 e 40 anos (28,6%), e os da faixa entre 41 e 45 anos (35,7%). Se esses dois grupos forem somados ao percentual de 17,9% dos que estavam entre 46 e 50 anos e dos que estavam acima de 59 anos (3,6%), teremos um resultado bem destacado de 85,8% de formadores acima de 36 anos, com maior percentual no grupo dos que estavam acima dos 41 anos. É um dado que pode indicar uma tendência de religiosos e presbíteros assumindo a missão formativa dentro de uma idade com maiores condições para a sedimentação da maturidade.

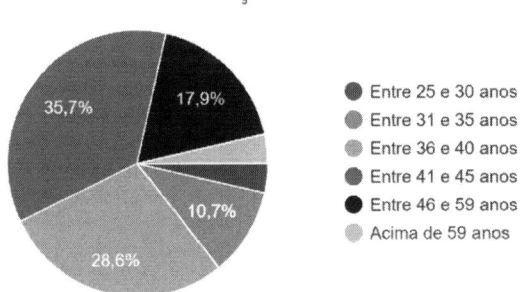

Gráfico 3 – Identificação: idade dos formadores

- Entre 25 e 30 anos: 17,9%
- Entre 31 e 35 anos: 35,7%
- Entre 36 e 40 anos
- Entre 41 e 45 anos: 10,7%
- Entre 46 e 59 anos: 28,6%
- Acima de 59 anos

Em relação ao grau de instrução deste universo de formadores entrevistados, registrou-se um significativo número de 89,3% de pessoas já graduadas, e dentro deste grupo com 53,6% tendo o curso de pós-graduação concluído (gráfico 4). O resultado revelou claramente o investimento da Igreja na devida e necessária preparação acadêmica aos que são convocados para esta função. A formação dos próprios formadores é uma instância indispensável e pertinente para quem assume a tal função. Tanto da parte de quem decide pela convocação para a missão quanto dos que recebem esse chamado, seria necessário evidenciar que, junto a esse anúncio para ser formador, esteja a proposição de estudo e preparação para o trabalho, assim como a garantia da possibilidade real de que esta formação seja continuada no decorrer da missão. É como descreve Barbosa (2008) a conduta de não valorizar a formação dos formadores, o que pode provocar danos aos contextos formativos em que o despreparo que promove a inabilidade pode ficar subjugado ao "poder intrínseco à função de formador" (BARBOSA, 2008, 75), podendo causar sofrimento aos formandos, como também ao próprio formador que venha a se utilizar de práticas "à revelia de um conhecimento que lhes dê suporte" (idem, ibidem). Trata-se de um assunto fundamental, inclusive para este estudo, no qual o capítulo 3 foi selecionado para aprofundar a questão da formação dos padres, religiosos e religiosas que assumem esse desafio. O capítulo tratou do tema sob dois aspectos, que são os cuidados com a seleção e formação daqueles destinados ao acompanhamento dos formandos e as iniciativas existentes na Igreja no Brasil de suporte psicológico aos que lidam com a formação.

Gráfico 4 – Identificação: grau de instrução dos formadores

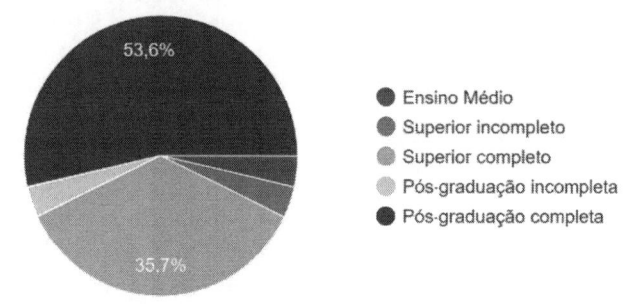

- Ensino Médio
- Superior incompleto
- Superior completo
- Pós-graduação incompleta
- Pós-graduação completa

Neste conjunto de formadores, ficou evidenciado que a grande maioria é graduada nos cursos de Filosofia (70,4%) e de Teologia (85,2%). Tal índice elevado foi alavancado pela formação dos presbíteros formadores que já trazem no seu percurso para o sacerdócio a obrigatoriedade desses dois cursos. Os outros dois cursos que apareceram com percentuais menores, em 3º e 4º lugares, foram os cursos de Pedagogia (22,2%) e Psicologia (11,1%). (Ver gráfico 5 a seguir).

Gráfico 5 – Identificação: cursos superiores completos

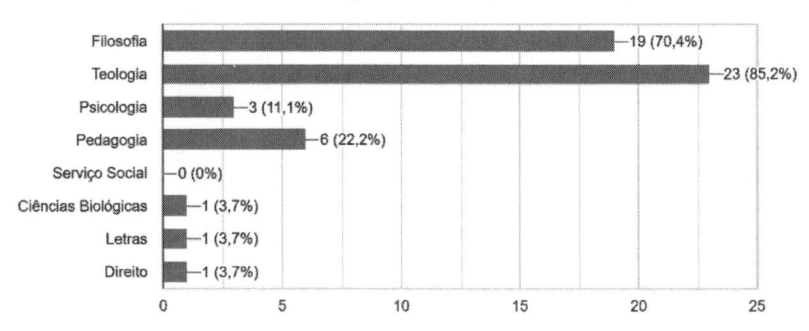

Filosofia	19 (70,4%)
Teologia	23 (85,2%)
Psicologia	3 (11,1%)
Pedagogia	6 (22,2%)
Serviço Social	0 (0%)
Ciências Biológicas	1 (3,7%)
Letras	1 (3,7%)
Direito	1 (3,7%)

A primeira pergunta da pesquisa com abordagem direta ao objetivo principal deste estudo sobre o impacto do serviço psicológico através do trabalho do profissional da psicologia, no âmbito da formação, marcou claramente o quanto esse aspecto foi considerado de muita importância para os formadores, apresentando um percentual bem significativo, de 92,9%, para essa resposta. Na soma com os 7,1% que consideraram "importante" o impacto da psicologia na formação (gráfico 6), fechou-se um resultado de 100% entre "muito importante" e "importante". Trata-se de um resultado bem significativo que é endossado por alguns comentários dos formadores descritos na pesquisa, tais como: "Penso a Psicologia como uma ferramenta indispensável no processo formativo"; "Favorece o desenvolvimento de potenciais, habilidades e desbloqueio de características que não foram olhadas com cuidado ao longo do seu desenvolvimento humano; "Temos encontrado jovens muito feridos por causa da desagregação familiar e da crise antropológica que a humanidade vive atualmente. A complexidade de muitos casos torna a visão e o auxílio do profissional um elemento essencial"; "Podemos ver frutos na vida dos formandos, como também a orientação para os formadores".

Gráfico 6 – Impacto do profissional de psicologia no processo formativo
(marcar apenas uma resposta)

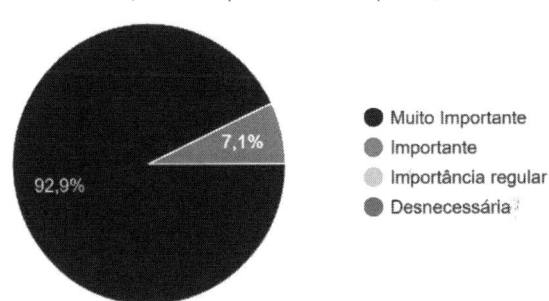

- Muito Importante
- Importante
- Importância regular
- Desnecessária

92,9%
7,1%

As três questões da pesquisa presentes nos gráficos a seguir, nesta primeira seção, referente aos formadores (gráficos 7, 8 e 9), assim como na segunda seção das respostas dos formandos (gráficos 6, 7 e 8), relacionaram-se diretamente com parte fundamental dos conteúdos dos objetivos específicos do projeto em questão. Os objetivos específicos que foram verificados nessas perguntas confirmaram a importância do uso da psicologia no trabalho da formação humana, bem como a viabilidade do espaço e serviço da psicologia clínica na oferta da avaliação psicológica e da psicoterapia às instituições de formação religiosa. Outro objetivo especulado nas questões foi comprovar a necessidade de assessoria psicológica aos formadores, responsáveis pelo trabalho, tanto com capacitação teórica quanto com consultoria.

Gráfico 7 – Forma pela qual o psicólogo pode atuar nos institutos de formação (permitido marcar mais de uma resposta)

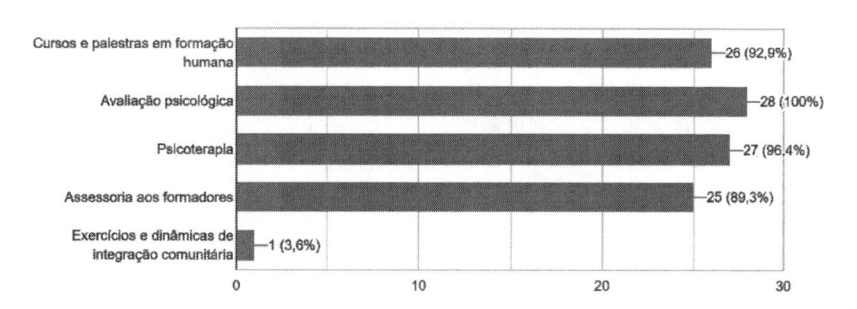

Cursos e palestras em formação humana	26 (92,9%)
Avaliação psicológica	28 (100%)
Psicoterapia	27 (96,4%)
Assessoria aos formadores	25 (89,3%)
Exercícios e dinâmicas de integração comunitária	1 (3,6%)

No item que levantou informações sobre o tipo de serviço psicológico já utilizado pelos formadores, a incidência maior se referiu ao uso de cursos e palestras em formação humana com 92,9% de respostas, seguido do serviço de avaliação psicológica com 82,1% e psicoterapia com 75% (gráfico 8 abaixo). Importante anotar os números significativos de utilização dos serviços da área clínica psicológica, que foram a avaliação psicológica e a psicoterapia, indicando uma tendência marcante de aproximação das casas de formação com tais serviços, o que conseguiu explicitar maior conhecimento de suporte desses instrumentos e diminuição de receios e tabus. No gráfico 7, seção 2 dos resultados referentes aos formandos, essa mesma questão foi abordada e os três serviços foram marcados com percentuais expressivos, confirmando as respostas supracitadas dos formadores. Os resultados para as perguntas dos formandos foram os seguintes: avaliação psicológica com 80,3% de respostas, cursos e palestras em formação humana com 79,5% e psicoterapia com 40,2%.

Gráfico 8 – Quanto à relação dos formadores com o serviço de psicologia: tipo de serviço já utilizado no trabalho como formador(a) (permitido marcar mais de uma resposta)

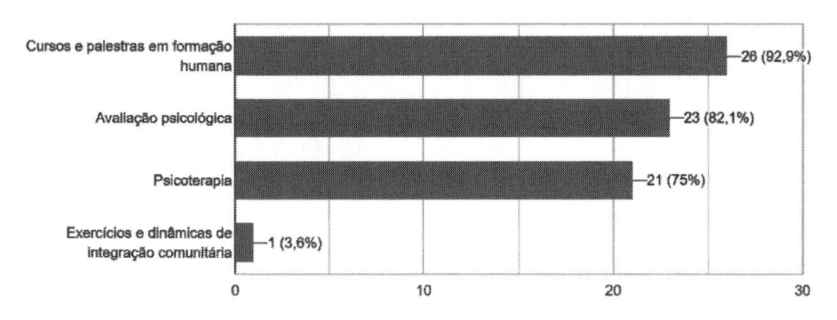

- Cursos e palestras em formação humana — 26 (92,9%)
- Avaliação psicológica — 23 (82,1%)
- Psicoterapia — 21 (75%)
- Exercícios e dinâmicas de integração comunitária — 1 (3,6%)

No gráfico 9, a seguir, ocorreu uma inversão nos percentuais de respostas em relação aos três serviços psicológicos, pois no gráfico 8, anterior, a ordem de maior uso foi a dos cursos de formação, avaliação e psicoterapia. Já nas respostas referentes ao maior impacto positivo no trabalho formativo (gráfico 9), a maior quantidade de respostas recaiu de forma invertida, tendo a psicoterapia maior preferência com 50%, depois veio a avaliação com 28,6% e a formação com os cursos e palestras com 21,4%. A incidência maior no serviço de psicoterapia tem que ser destacada porque esta foi uma pergunta na qual o entrevistado somente pôde escolher uma alternativa, classificando-a como de maior impacto positivo, levando a metade dos formadores à mesma escolha.

Gráfico 9 – Quanto à relação dos formadores com o serviço de psicologia: caso tenha utilizado um ou mais dos serviços acima citados, indicar o de maior impacto positivo no trabalho (marcar apenas uma resposta)

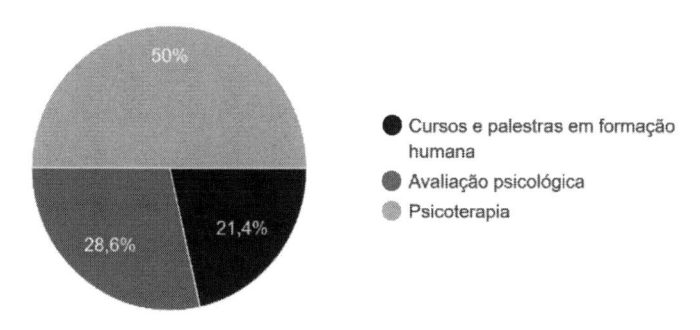

- Psicoterapia: 50%
- Avaliação psicológica: 28,6%
- Cursos e palestras em formação humana: 21,4%

Os dois próximos gráficos a seguir representaram duas questões que detêm uma relevância destacada nesta pesquisa, pois confirmaram ainda mais a pergunta fundamental deste trabalho sobre o impacto da psicologia no trabalho formativo dos institutos de formação. As respostas coletadas nos gráficos 10 e 11 sinalizaram percentuais expressivos de 92,9% declarando como "muito importante" o serviço de psicologia na missão (gráfico 10) e 96,4% de satisfação na utilização dos serviços psicológicos (gráfico 11). Vale salientar que, na seção 2 de respostas dos formandos, houve uma convergência de opiniões em relação à importância da psicologia no processo formativo com um percentual de 92,6% (gráfico 8 da seção 2) de confirmação e 94,3% (gráfico 9 da seção 2) de satisfação com os serviços psicológicos experimentados.

A confirmação da importância e satisfação da utilização dos serviços psicológicos, aliançados ao trabalho formativo com os jovens formandos, só aumentou ainda mais a evidência de que o profissional da psicologia pode contribuir de forma marcante no processo de formação humana dentro das casas de formação. Nesse sentido, vale reforçar a necessidade de os responsáveis pela formação não negligenciarem um suporte técnico psicológico, além de apoiarem o uso da psicoterapia, para exercerem de forma ajustada as suas funções (PEREIRA, 2004).

Gráfico 10 – Grau de importância que o serviço de psicologia teve ou está tendo na missão como responsável pela formação (marcar apenas uma resposta)

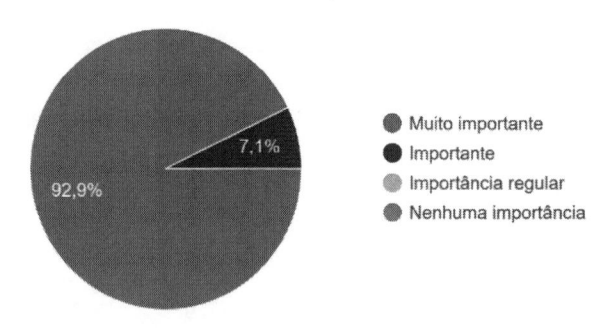

Marco empírico - um trabalho de pesquisa entre formandos e formadores

Gráfico 11 – Caso tenha utilizado os serviços citados no trabalho, indicar o grau de satisfação (marcar apenas uma resposta)

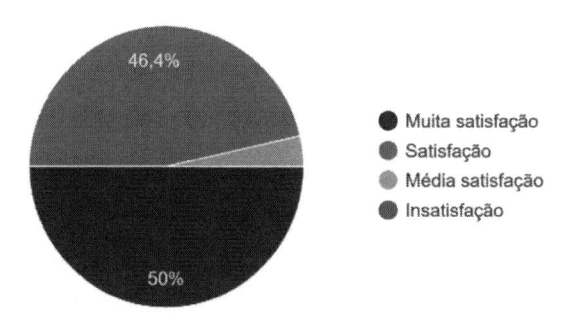

- Muita satisfação: 46,4%
- Satisfação
- Média satisfação
- Insatisfação: 50%

No gráfico 12, a seguir, os formadores sinalizaram que o suporte preferido, com percentual de 89,3% de respostas, para o processo formativo que gostariam de disponibilizar hoje na sua instituição, foi o de cursos e palestras sobre a formação humana, promovendo o entendimento de quão é considerado indispensável o trabalho educativo com temas psicológicos realizado pelo psicólogo. Os dois outros serviços foram a psicoterapia, com 82,1%, e a avaliação psicológica, com preferência de 78,6% de respostas. Nenhum dos formadores marcou a opção de que não acredita ser necessário nenhum apoio com o instrumental da psicologia no momento da pesquisa.

Gráfico 12 – Suporte psicológico necessário para oferecer na formação e que gostaria de ter atualmente na sua instituição (pode marcar mais de uma resposta)

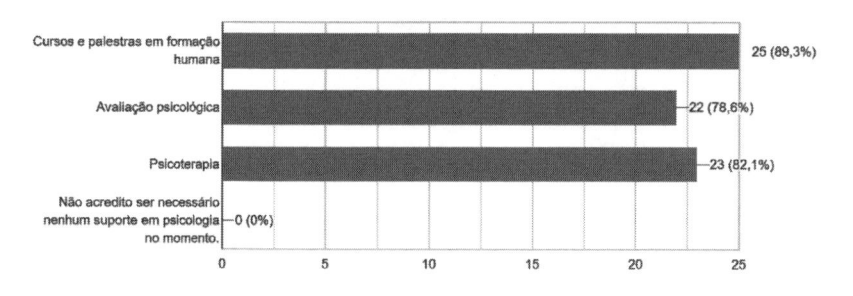

- Cursos e palestras em formação humana: 25 (89,3%)
- Avaliação psicológica: 22 (78,6%)
- Psicoterapia: 23 (82,1%)
- Não acredito ser necessário nenhum suporte em psicologia no momento: 0 (0%)

No último gráfico desta primeira seção, com as respostas dos que estavam no trabalho da formação, a opção do serviço de formação teórica com cursos e palestras, assim como na questão anterior sobre a oferta aos formandos, foi o suporte que os formadores gostariam de usufruir para si mesmo em seu trabalho – percentual de respostas de 87,5%. A segunda opção mais escolhida, com 71,4% de respostas, foi consultoria (orientações, participação nas reuniões com a equipe de formação etc.) e, por fim, o uso para si mesmo do instrumental da psicoterapia, com 57,1% de incidência. Ninguém optou em assinalar a alternativa "Não acredito ser necessário nenhum suporte em psicologia no momento", reforçando ainda mais a ideia da importância da parceria da ciência da psicologia a serviço da pessoa do formador.

> A contribuição das ciências psicológicas revelou-se, em geral, como ajuda apreciável para os formadores, aos quais cabe, de resto, a missão do discernimento das vocações. Tal contribuição científica permite conhecer melhor a índole e a personalidade dos candidatos, e oferecer um serviço formativo mais adequado às particulares condições de cada um [...] (FRANCILEUDO, 2021, 6-7).

Gráfico 13 – Serviço que gostaria de usufruir para si mesmo(a) como apoio no seu trabalho (permitido marcar mais de uma resposta)

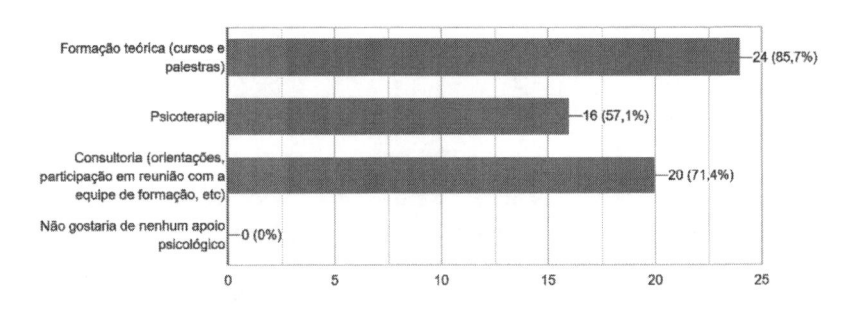

Formação teórica (cursos e palestras)	24 (85,7%)
Psicoterapia	16 (57,1%)
Consultoria (orientações, participação em reunião com a equipe de formação, etc)	20 (71,4%)
Não gostaria de nenhum apoio psicológico	0 (0%)

Seção 2: Resultados da pesquisa com os formandos

Esta segunda seção corresponde aos gráficos que representam os percentuais de respostas coletadas entre as pessoas que, no período desta pesquisa, estavam vivenciando o processo preparativo para o sacerdócio e para a vida religiosa consagrada. No primeiro gráfico, a seguir, houve uma soma maior de respostas advindas dos jovens que estavam se preparando para o ministério sacerdotal dos seminários diocesanos, com 46,7% de pesquisados. Em seguida, os formandos do Instituto de Vida Consagrada masculina totalizaram 26,2% – somado a 11,3% de designações diferentes com as quais os seminaristas da *Comunidade Shalom* se autoidentificaram; tais designações não aparecem no gráfico 1 mas correspondem à vida consagrada masculina e são marcadas como divisões diferentes no gráfico mantendo o mesmo nome "Comunidade Shalom" – totalizaram um percentual de 37,5%. Por fim, com 15,6%, participaram as jovens dos Institutos de Vida Consagrada feminina.

Gráfico 1 – Identificação: instituições às quais pertencem os formandos

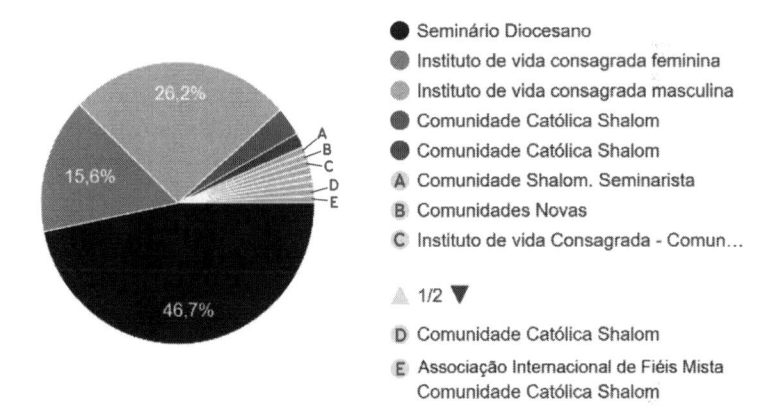

- Seminário Diocesano
- Instituto de vida consagrada feminina
- Instituto de vida consagrada masculina
- Comunidade Católica Shalom
- Comunidade Católica Shalom
- A Comunidade Shalom. Seminarista
- B Comunidades Novas
- C Instituto de vida Consagrada - Comun...

1/2 ▼

- D Comunidade Católica Shalom
- E Associação Internacional de Fiéis Mista Comunidade Católica Shalom

Os dados de identificação referentes ao tempo de formação revelaram que a maioria dos formandos pesquisados tinha mais de dois anos no processo formativo, somando um percentual total de 62,3%, ou seja, pessoas que já possuíam um tempo de vivência que possibilita respostas mais consistentes em relação à experiência de formação.

Gráfico 2 – Identificação: tempo em formação

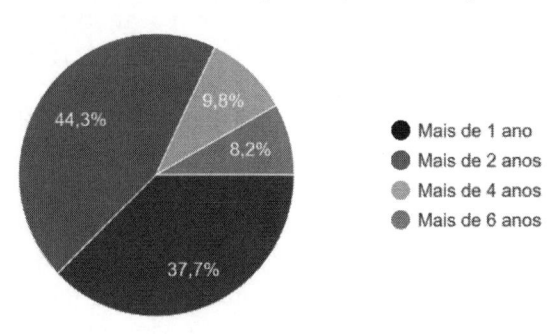

- Mais de 1 ano: 9,8%
- Mais de 2 anos: 8,2%
- Mais de 4 anos: 37,7%
- Mais de 6 anos: 44,3%

Nos dois gráficos seguintes, ainda na apresentação de perfis dos formandos pesquisados, houve maior representatividade de jovens na faixa etária entre 21 e 25 anos, atingindo percentual predominante de 59% dos entrevistados. Em seguida, com 46,7%, também prevaleceu que esses formandos estavam mais concentrados na fase acadêmica de curso superior incompleto, correspondendo à lógica do primeiro gráfico desta seção, no qual foi apontada maior participação de seminaristas diocesanos. Tal incidência é explicada pela força da proposta curricular em que se encontravam durante todo o período formativo cursando a faculdade de Filosofia ou Teologia, com exceção na fase inicial do propedêutico, onde comumente estão se preparando para o ingresso na graduação.

Gráfico 3 – Identificação: idade dos formandos

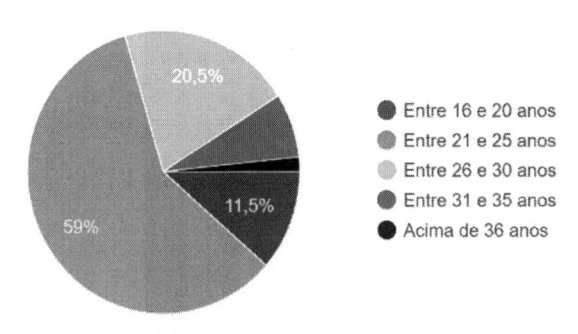

- Entre 16 e 20 anos: 20,5%
- Entre 21 e 25 anos: 59%
- Entre 26 e 30 anos: 11,5%
- Entre 31 e 35 anos
- Acima de 36 anos

Gráfico 4 – Identificação: grau de instrução dos formandos

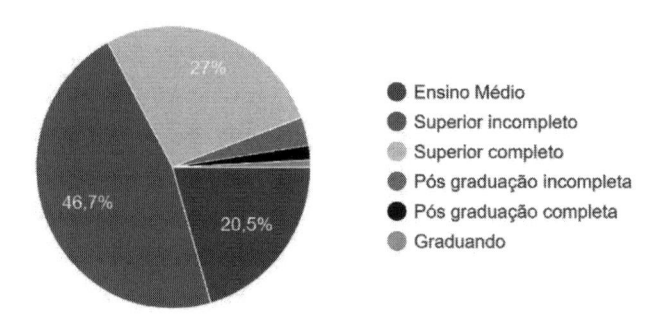

- Ensino Médio
- Superior incompleto
- Superior completo
- Pós graduação incompleta
- Pós graduação completa
- Graduando

O gráfico 5, a seguir, abre a série de respostas dos formandos, associadas ao objetivo focal deste livro, que é a verificação do impacto do serviço psicológico, por intermédio da atuação do profissional da psicologia, no espaço da formação. A soma de 91,8% de respostas como "muito importante", mais 6,6% que responderam como "importante", totalizando 98,4% de respostas positivas sobre o impacto do profissional da psicologia no trabalho de formação junto às casas formativas, confirmou a mesma posição dos formadores no gráfico 6 da seção anterior. Tal resultado já sinaliza convergência positiva para responder à questão supracitada do objetivo geral sobre o quanto é significativo o impacto da psicologia e do profissional desta área no suporte aos institutos de preparação para vida religiosa e sacerdotal.

Nesta tendência de opiniões concordantes entre formadores e formandos na direção de confirmar a atuação do profissional de psicologia no contexto de formação fica evidenciado o quanto a jornada formativa da pessoa em formação demanda suporte técnico nas questões associadas ao amadurecimento humano, assim como ajuda ao formador que intermedeia esse processo, tanto como ferramenta no trabalho quanto para si mesmo. Vale o registro de alguns depoimentos expostos pelos próprios formandos na resposta à pesquisa: "A ajuda profissional salvaguarda ao formando um caminho seguro de crescimento na maturidade humana"; "O profissional da psicologia nos ajuda a chegar ao autoconhecimento, entendendo as fraquezas e ajudando na formação humana, muitas vezes fragilizadas por diversas situações da vida!"; "Acredito que um profissional de psicologia poderia ser um grande auxílio na formação humana essencial para a vida do sacerdote ou religioso, sendo um instrumento à disposição dos formandos para entender a si mesmos e aos outros sem a limitação de rótulos e preconceitos que infelizmente podem existir no início de toda relação humana e no necessário processo de descoberta e conhecimento de si mesmo".

Gráfico 5 – Impacto do profissional de psicologia no processo formativo
(marcar apenas uma resposta)

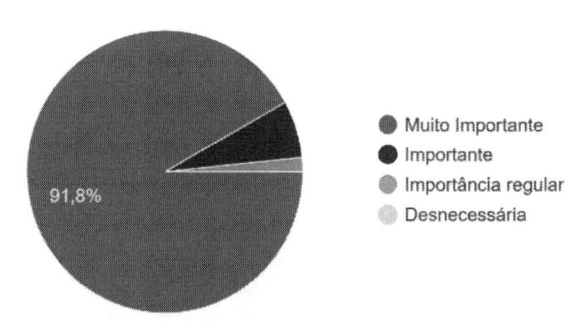

- Muito Importante
- Importante
- Importância regular
- Desnecessária

91,8%

Na pergunta sobre de que modo o profissional da psicologia poderia ajudar na formação, os estudantes apontaram de forma destacada para os serviços clínicos psicológicos de psicoterapia, com 93,4% de respostas e 91% em direção à avaliação psicológica (gráfico 6). O que coincidiu com a posição dos formadores que sinalizaram também para estes dois serviços clínicos no gráfico 7 da primeira seção.

Tal incidência significativa para o serviço da psicoterapia como o suporte com mais respostas de como o psicólogo pode atuar no processo formativo é realçada com alguns comentários dos formandos que reforçaram este resultado: "No ambiente estressante e de muita cobrança, é de vital importância um acompanhamento psicológico mensalmente"; "Em todos os aspectos eles podem vir a colaborar em um melhor desenvolvimento humano"; "Todo formando precisa de acompanhamento psicológico"; "Dentro do processo formativo a psicoterapia auxilia os formadores na construção de pessoas mais livres para servir".

Inclusive com endosso também de comentários dos formadores em relação ao uso da psicoterapia, houve o comentário a seguir: "Penso seja elemento necessário que aqueles que têm a função de guias e trabalham na formação dos futuros padres pudessem também eles realizar a psicoterapia como processo de autoconhecimento e crescimento em sua vocação".

Massih, dentro da sua trajetória como psicóloga que trabalha com assessoria à vida religiosa, afirma que a psicoterapia pode ajudar o formando na obtenção de maior conhecimento de si mesmo, das suas condições favoráveis e dificuldades, para promover um maior confronto entre os ideais vocacionais com o próprio conjunto psicológico, a fim de motivar "uma adesão pessoal livre e consciente à própria formação [...] e sobre as possíveis consequências destas para sua vida e para seu futuro" (MASSIH, 2014, 165), diz a pesquisadora citando o documento *Orientações* (cf. Or, n. 15).

Gráfico 6 – Forma pela qual o psicólogo pode atuar nos institutos de formação
(permitido marcar mais de uma resposta)

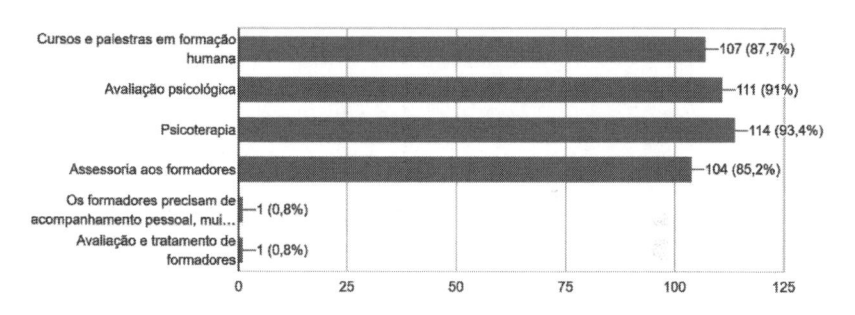

Cursos e palestras em formação humana	107 (87,7%)
Avaliação psicológica	111 (91%)
Psicoterapia	114 (93,4%)
Assessoria aos formadores	104 (85,2%)
Os formadores precisam de acompanhamento pessoal, mui...	1 (0,8%)
Avaliação e tratamento de formadores	1 (0,8%)

O gráfico número 7, a seguir, já entrou no comentário anterior na seção 2 das respostas dos formadores, coincidiu com os índices expressivos das respostas dos formandos em relação ao uso dos serviços de avaliação (80,3%), cursos e palestras (79,5%) e psicoterapia (40,2%). Ficou evidenciado que esses dois serviços são os de maior acessibilidade aos que estão na formação. Outro dado importante no gráfico é que dos 122 formandos que responderam, apenas 1 pessoa não usufruiu de nenhum dos serviços psicológicos descritos.

Gráfico 7 – Quanto à relação dos formandos com o serviço de psicologia: tipo de serviço já usufruído (permitido marcar mais de uma resposta)

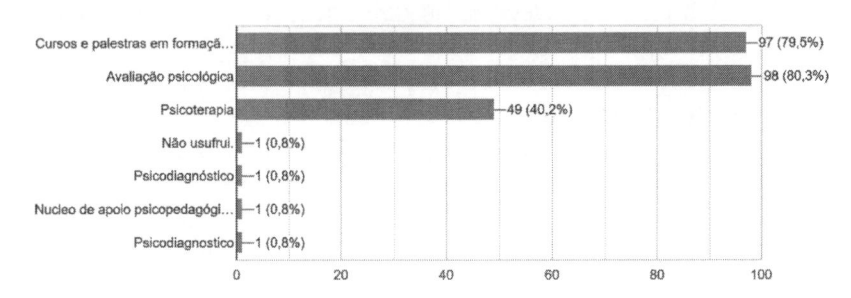

Cursos e palestras em formaçã...	97 (79,5%)
Avaliação psicológica	98 (80,3%)
Psicoterapia	49 (40,2%)
Não usufrui.	1 (0,8%)
Psicodiagnóstico	1 (0,8%)
Nucleo de apoio psicopedagógi...	1 (0,8%)
Psicodiagnostico	1 (0,8%)

Diferentemente da opinião dos formadores, as respostas dos formandos expostas no gráfico 8 direcionam para o serviço de avaliação psicológica como o de maior impacto positivo na experiência formativa, com 45,1% de respostas; enquanto para os formadores, a psicoterapia foi o serviço de maior impacto. Ainda no gráfico 8, a psicoterapia ficou em segundo lugar com 36,1% e a formação com cursos e palestras com 18%.

Gráfico 8 – Quanto à relação dos formandos com o serviço de psicologia: caso tenha utilizado um ou mais dos serviços acima citados, indicar o de maior impacto positivo na sua experiência (permitido marcar uma resposta)

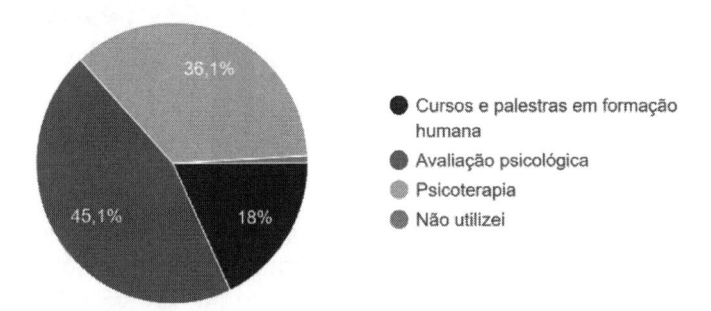

- Cursos e palestras em formação humana: 18%
- Avaliação psicológica: 45,1%
- Psicoterapia: 36,1%
- Não utilizei

Os dois gráficos que virão em sequência (9 e 10) já estiveram nos comentários da primeira seção ao serem comparados com as respostas dos formadores (gráficos 10 e 11 da primeira seção), em que houve endosso com percentuais elevados de confirmação sobre a importância e satisfação da utilização da psicologia no trabalho de formação. Vale observar o percentual de

7,4% de "importância regular" (respostas de 9 formandos) e de 1 resposta com a opção de "nenhuma importância", o que pode significar o grau de não muita importância realmente, devido à experiência não tão bem aproveitada, assim como a falta de acesso ou pouco acesso aos serviços psicológicos, como relatam estas duas respostas referentes à questão: "Marquei 'importância regular', pois nunca tive a oportunidade de aprofundar em um acompanhamento psicológico"; "Se o grau de importância estiver sendo medido pelas vezes em que usufrui do serviço, seria baixíssimo, pois ao longo destes anos de vida formativa tivemos pouquíssimas formações com psicólogos".

Gráfico 9 – Grau de importância que o serviço de psicologia teve ou está tendo em sua formação (permitido marcar apenas uma resposta)

- Muito importante
- Importante
- Importância regular
- Nenhuma importância

76,2%
16,4%
7,4%

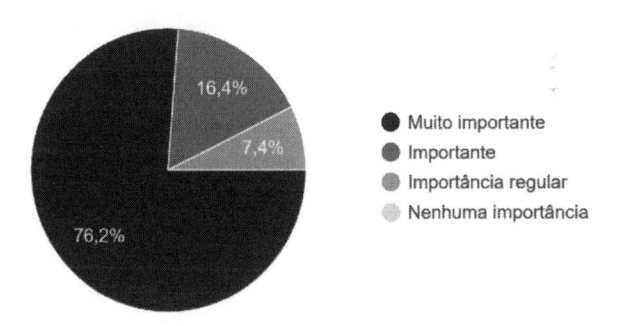

Gráfico 10 – Caso tenha utilizado os serviços acima citados no trabalho, indicar o grau de satisfação (permitido marcar apenas uma resposta)

- Muita satisfação
- Satisfação
- Média satisfação
- Insatisfação

75,4%
18,9%

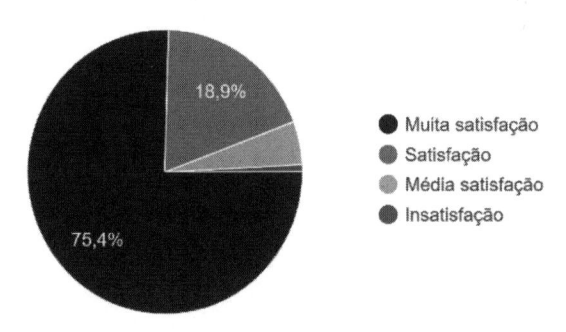

No último gráfico, de número 11, os formandos marcaram de forma expressiva o suporte da psicoterapia como o serviço que atualmente gostariam de ter, com 100 respostas, formalizando um índice de 82%. Os outros dois serviços foram pontuados com 63,1% de preferência para os cursos de formação e 57,4% para a avaliação psicológica. Apenas 7 pessoas escolheram a opção em que se afirma que não está precisando no momento de nenhuma ajuda psicológica, num contraponto de 115 formandos que distribuíram suas respostas nos três serviços de psicoterapia, avaliação e formação teórica.

Gráfico 11 – Suporte psicológico necessário e que gostaria de ter atualmente (permitido marcar mais de uma resposta)

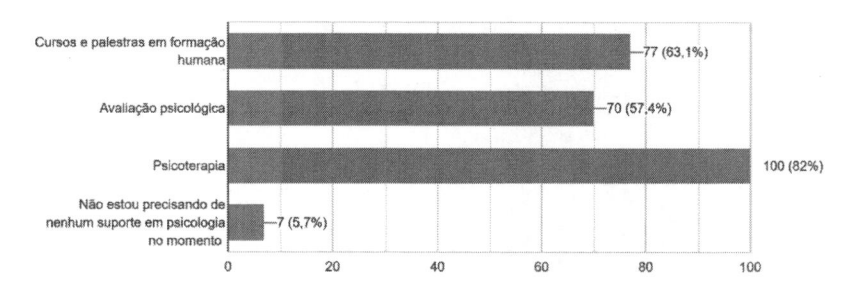

Cursos e palestras em formação humana	77 (63,1%)
Avaliação psicológica	70 (57,4%)
Psicoterapia	100 (82%)
Não estou precisando de nenhum suporte em psicologia no momento	7 (5,7%)

5.2. Discussão dos resultados da pesquisa

O trabalho de pesquisa realizado teve como motivação fundamental fornecer conteúdo suficiente e qualitativo para comprovar o objetivo principal deste estudo, que é analisar o impacto da psicologia e da atuação do psicólogo em relação ao suporte no trabalho de formação humana nas instituições da Igreja Católica no Brasil que preparam jovens para se tornarem religiosos (irmãos e irmãs) e sacerdotes. Os resultados da pesquisa confirmaram com evidência a importância do impacto positivo da ciência da psicologia e do papel de seu profissional no apoio complementar ao processo formativo dos seminaristas e jovens candidatos à vida consagrada. É indispensável conceber a psicologia como instrumento complementar do trabalho de formação, no intuito de garantir a certeza de que os demais expedientes de uma instituição formativa jamais podem ser substituídos pelos serviços psicológicos. A consistência na confirmação desse objetivo geral do trabalho torna-se ainda mais preservado pelo fato de que as respostas coletadas foram emitidas por um público qualificado pela própria experiência de vida atual, envolvido na realidade do processo formativo, seja como formando, seja como formador. São respostas que representam a concepção da instituição eclesial católica em admitir e promover a viabilidade da psicologia como peça necessária na engrenagem integral da missão com o saudável desenvolvimento humano dos candidatos na consecução das suas opções de vida. Prada Ramirez (2013), autor importante para este trabalho pelos seus estudos sobre a psicologia aplicada à formação religiosa, ao abordar a consciência da Igreja em relação ao papel da psicologia e sua utilização no esquema formativo dos padres e religiosos, valoriza os progressos da psicologia e das ciências humanas no diálogo com a fé e com a teologia. O que gera, na instituição eclesial, a expectativa de uma colaboração significativa na formação dos jovens formandos e no fortalecimento para bem lidar com suas dificuldades.

Os resultados apresentados na seção 1 pelo gráfico 6, dos formadores, e pelo gráfico 5, dos formandos, são os que mais evidenciaram a assertiva dos argumentos do parágrafo introdutório anterior, com percentuais marcantes que asseguram a análise sobre o impacto da psicologia no processo formativo dos institutos de formação com o julgamento claro de validade positiva. Análise esta que é a proposta no objetivo central deste trabalho. Nas perguntas que especularam sobre o grau de importância em relação ao impacto do serviço psicológico, através do trabalho do profissional da psicologia, no âmbito da formação, os formadores apresentaram um percentual bem significativo de 92,9% com a opção de "muito importante", somado aos 7,1% que consideraram "importante", cravou um resultado de 100% entre "muito importante" e "importante" qualificando o impacto do trabalho da psicologia na formação. Este resultado foi confirmado pelos formandos ao responderem à mesma pergunta, apresentando a totalização de 91,8% de resposta "muito importante", mais 6,6% que responderam "importante", totalizando 98,4% sobre o impacto do profissional da psicologia no trabalho de formação junto às casas formativas. São percentuais expressivos, reforçados ainda mais por comentários espontâneos de alguns formadores, como estes registrados na pesquisa: "O profissional de psicologia tem uma importância ímpar. Seu acompanhamento auxilia o processo de integração humano-afetiva dos formandos, ressignificando traumas familiares e outras questões para um amadurecimento em vista de um serviço ministerial qualificado ao Povo de Deus"; "O profissional de psicologia é auxílio necessário no processo de descoberta nos mecanismos positivos e negativos da nossa personalidade. Ele faz ver caminhos possíveis para o cotidiano". Nessa mesma direção, alguns formandos também registraram impressões referentes à importância do impacto positivo que os serviços psicológicos têm no trabalho formativo: "Contribuem para um melhor desempenho e autoconhecimento de nós formandos"; "O acompanhamento psicológico foi muito bom no processo de acolhimento e crescimento pessoal que vai ajudando também no processo de integração com o outro. Trabalhando fatores que um formador não dá conta, pois não possui estudos específicos"; "Vejo como complementar à formação espiritual e humana, diante de desafios pessoais ou comunitários que venhamos a viver"; "Muitos formadores não estão preparados para exercer sua função, o que acaba gerando consequências psicológicas e emocionais de natureza nociva".

Para ilustrar a discussão sobre o impacto dos instrumentos psicológicos na realidade das casas de formação, vale resgatar o pensamento de Jung (2011) em sua obra *Psicologia e Religião*, quando ele trata da relação fundamental entre a ciência da psicologia e o universo da experiência religiosa intrínseco ao homem, afirmando que "todo o tipo de psicologia que se ocupa da estrutura psicológica da personalidade humana" (JUNG, 2011, 161) deve levar em consideração que o espaço religioso, além de se caracterizar como "um fenômeno sociológico ou histórico" (idem, 161), é de fato um conteúdo importante na vida e história de muitas pessoas.

Ainda com a intenção de registrar os aspectos mais importantes deste trabalho, como foi descrito nos parágrafos anteriores deste capítulo, houve dois resultados que asseguraram ainda mais o alcance do objetivo geral desta pesquisa, representados no capítulo anterior, dos resultados, pelos gráficos 10 e 11 da primeira seção, concernente aos formadores. Na pergunta do gráfico 10, ao ser abordada a importância que o serviço de psicologia teve ou está tendo na missão como responsável pela formação, o resultado obtido foi de um percentual expressivo de 92,9% declarando como "muito importante". Na pergunta do gráfico 11, seção 1, em que é solicitado ao formador que, caso ele tivesse utilizado os serviços psicológicos, indicasse o grau de satisfação, a resposta coletada foi um total de 96,4% de "muita satisfação" e "satisfação". O mesmo comportamento foi contemplado nas respostas presentes da seção 2, pertencente aos formandos, com uma coincidência de opiniões em relação à importância da psicologia no processo formativo, com um percentual de 92,6% (gráfico 8 da seção 2) de confirmação e 94,3% (gráfico 9 da seção 2) de satisfação com os serviços psicológicos experimentados no decorrer da trajetória formativa. Este grau de satisfação precisa ser convertido – entre os responsáveis pelo esquema formativo, superiores e formadores – como um período que não pode deixar de fornecer os instrumentos necessários para que os formandos possam se desenvolver no amadurecimento humano integral (BOLFE, 2020).

As questões que buscaram avaliar o acesso aos serviços oferecidos pela psicologia, assim como a viabilidade de utilização e sobre a vontade de usufruir de tais suportes técnicos profissionais, revelaram também a importância concebida por formandos e formadores sobre a presença dos instrumentos da psicologia na trajetória da formação. Foram três as questões da pesquisa descritas nos gráficos 7, 8 e 9 da seção dos formadores, bem como os gráficos 6, 7 e 8 da segunda seção de respostas advindas dos formandos. São perguntas que tiveram como meta abordar os conteúdos relacionados aos alvos específicos do projeto em questão. Os objetivos específicos que foram verificados nessas perguntas confirmaram a importância do uso da psicologia no trabalho da formação humana, bem como a viabilidade do espaço e serviço da psicologia clínica na oferta da avaliação psicológica e da psicoterapia às instituições de formação religiosa. Outro objetivo especulado nessas questões foi comprovar a necessidade de assessoria psicológica aos formadores responsáveis pelo trabalho, tanto com capacitação teórica quanto com consultoria.

Os resultados apresentados nesses três gráficos, além da adequada utilização para confirmar as questões levantadas nesta pesquisa, conforme supracitado, adicionou uma ideia mais consistente da importância e necessidade de um convívio cada vez mais aproximado entre a ciência da psicologia, com seus recursos e serviços, e o projeto formativo das instituições que lidam com a preparação dos candidatos ao sacerdócio e à vida religiosa na Igreja Católica. Rossi (2011), em seu trabalho permeado pela longa vivência na prestação de serviços a formandos e formadores, tem percebido que muitas mudanças têm sido implementadas em razão de preparar cada vez melhor os religiosos, com mais aporte psicológico, para que assumam de maneira adequada as suas funções. Em sua obra, a autora relata que já lidou com a ideia de que "o que falta a estes jovens é apenas rezar mais" (ROSSI, 2011, 177), e, assim, aqueles no posto para responder pela formação não recebiam nenhuma capacitação prévia. Atualmente, segue Rossi, percebe-se uma perspectiva renovada de constatar "o interesse e o empenho dos formadores em entender melhor a função que lhe é atribuída, contrapondo-se a um sentimento antigo que levava a entender que quem já havia feito um caminho poderia ajudar o outro a caminhar" (idem, ibidem). Da parte dos que absorvem o processo formativo igualmente é percebida uma busca de maior valorização e aceitação "dos recursos disponíveis que auxiliem o crescimento pessoal, contrapondo-se a posições antigas onde campeavam o medo das avaliações, a recusa das orientações, e a afirmação de que 'só eu é que sei do que preciso...'" (idem, 177-178), que impedia as possibilidades de apoio e suporte com o uso dos instrumentais psicológicos.

No primeiro gráfico supracitado de número 7, da seção dos formadores, nas indicações das respostas sobre como o psicólogo pode atuar na formação, já foi constatada a abertura para o trabalho desse profissional em cursos e palestras de formação humana com 92,9% de respostas, como também através da psicoterapia

(96,4%) e assessoria aos formadores (89,3%). Dentre os serviços, o de avaliação psicológica pontuou com 100% de indicação, ressaltando a unanimidade deste trabalho como uma forma de ação de alta aceitação no processo formativo. O endosso para o serviço de avaliação psicológica também foi expresso pelos formandos nas respostas do gráfico 8, que apontaram para este instrumento como o de maior impacto positivo na experiência formativa, com 45,1% de respostas positivas.

Esse resultado no qual todos os formadores pesquisados indicaram o serviço de avaliação psicológica como uma forma pela qual o psicólogo pode atuar na formação revela claramente que este instrumento é conhecido e reconhecido como um mecanismo de importante ajuda no acompanhamento para os religiosos na formação. Certamente, os laudos emitidos sobre os candidatos, diferentemente da terapia, que tem os seus conteúdos resguardados no *setting* terapêutico, fornecem ao trabalho de acompanhamento, informações objetivas e precisas que facilitam a abertura na relação entre formando e formador. Conforme Finn (2017), os resultados das avaliações são achados que confirmam como os avaliados pensam sobre si mesmo e que podem ser acolhidos na sessão devolutiva, gerando a perspectiva de consistência de autoconhecimento que pode conduzir às mudanças. São resultados oferecidos pelo instrumento da avaliação que favorece o autoconhecimento ao formando, como também ao formador, na obtenção de recursos assertivos no suporte à maturação do seu acompanhado.

O uso adequado do instrumento da avaliação psicológica pode promover aos formadores um conhecimento mais apurado das condições favoráveis e desfavoráveis do jovem acompanhado, o que pode ser muito útil para o desenvolvimento de um plano de crescimento no decorrer do período formativo. Isso porque a técnica avaliativa tem condições de gerar indicativos para o ajustamento, maturidade e motivação do avaliado para assumir de forma adequada o comprometimento vocacional. Assim sendo, é possível fazer valer o princípio já presente em Santo Tomás de Aquino de que a "graça constrói sobre a natureza", no uso correto e responsável da avaliação, que pode analisar os constructos psicológicos dessa particular "natureza" para poder crescer na "graça" (PRADA RAMIREZ, 2013).

Ainda para admitir com maior amplitude a importância da utilização da avaliação psicológica no processo formativo, segue esta descrição de um dos formadores pesquisados ao se referir a este serviço: "Me ajuda a dar nome, ter uma visão mais aprofundada da realidade interpessoal do formando(a) e de como trabalhar isso". É importante registrar também duas percepções advindas dos formandos sobre avaliação: "Tive formação sobre eneagrama, temperamentos e psicodiagnóstico. Essas ferramentas me ajudam a perceber minhas fraquezas e potencialidades, e com isso criar táticas de como vencer a mim mesmo; na vida de oração, me ajudam escolher exercícios espirituais de acordo com meu temperamento"; "O psicodiagnóstico ajudou na compreensão de si mesmo e no autoconhecimento".

Outro serviço psicológico que foi realçado pelos dois públicos pesquisados foi a psicoterapia, com uma resposta no gráfico 6 que produziu um percentil expressivo de 93,4%, assegurando, por parte dos formandos, que a psicoterapia é a forma pela qual o profissional da psicologia poderia ajudar na formação. Foram 114 respostas de 122 pesquisados! Outro dado que reforçou ainda mais tal resultado esteve marcado no gráfico de número 11 da segunda seção, em que os formandos assinalaram de forma expressiva para o suporte da psicoterapia como o serviço que atualmente gostaria de ter, com 100 respostas, formalizando um índice de 82%.

A psicoterapia também recebeu destaque por parte dos formadores no gráfico 7 (primeira seção), na pergunta sobre como o psicólogo pode atuar na formação, com 96,4% de respostas, representando 27 pessoas do grupo total de 28 pesquisados. Na questão referente ao serviço de maior impacto positivo no trabalho formativo (gráfico 9), a psicoterapia sobressaiu com maior preferência entre os formadores, atingindo um percentil de 50%, dentre outros três serviços. E, por fim, na pesquisa com os formadores, a psicoterapia obteve 23 respostas (82,1%) em relação ao suporte psicológico necessário para ser oferecido na formação, e que os participantes do estudo gostariam de ter atualmente na sua instituição (gráfico 12).

São resultados que confirmaram de forma objetiva e expressiva o quanto a atividade psicoterápica é um serviço valorizado no âmbito da formação. Nas palavras de um dos formandos, a possibilidade de ajuda através da terapia torna-se um suporte complementar que auxilia na trajetória da opção: "A terapia para mim consistiu em um instrumento muito eficaz como complemento à formação humana e espiritual, que muito me ajudou na caminhada vocacional". Essa fala denota a eficácia da psicoterapia como instrumento de condução para que a pessoa seja ajudada na busca da realização pessoal. É como bem descrevem os autores Emidio e Hashimoto, ao afirmarem que o sentido da terapia passa pelo próprio significado do termo que quer dizer cuidar, curar, uma "ação para melhorar e proteger" (EMIDIO; HASHIMOTO, 2013, 213), em que se busca conduzir o indivíduo ao seu maior nível possível de excelência, de maneira adequada para alcançar a meta que se almeja.

A mesma convicção da importância do serviço de psicoterapia na formação, inclusive no suporte à pessoa do formador, foi descrita no trabalho de pesquisa realizado por Barbosa (2008) junto a um grupo de sacerdotes envolvidos no processo formativo. Os formadores entrevistados sinalizaram, de modo geral, que eles não encontram ofertas suficientes para serem ajudados na missão que realizam nos seminários, restando a eles ter que administrar a situação de forma solitária, com dúvidas, sofrimentos e desafios. Nos testemunhos dos religiosos entrevistados, a maioria assegurou que todos envolvidos no trabalho formativo deveriam receber um apoio como a psicoterapia. Numa análise comparativa entre as duas pesquisas, a de Barbosa (2008) e esta que está sendo descrita na presente obra, é possível perceber a convergência em relação aos aspectos de consciência da importância do serviço de psicoterapia para a formação e para os formadores em particular, bem como sua valorização e aceitação. A diferença identificada foi na acessibilidade, pois, enquanto nas palavras dos formadores, em Barbosa (2008), havia claramente uma carência e dificuldade para usufruir desse suporte, na pesquisa vigente, a acessibilidade foi mais percebida. Haja vista que dos 28 formadores pesquisados neste trabalho, 23 registraram que já utilizaram da psicoterapia em seu trabalho (gráfico 8 da primeira seção). Souza Neto (2015), em sua pesquisa com formadores e seminaristas da arquidiocese de Olinda e Recife, ao abordar o trabalho com a psicologia no processo formativo, registrou que os formandos fazem um acompanhamento psicológico em grupo, com o objetivo de motivar os seminaristas a conversarem sobre seus sentimentos. A profissional contratada, em conformidade com a demanda da equipe formativa, realizava um acompanhamento psicológico semanalmente "com a intensão [sic] de minimizar conflitos internos e gerenciar a oportunidade de todos conversarem entre si, falarem de si e dos outros" (SOUZA NETO, 2015, 86). Na pergunta feita aos seminaristas sobre a importância do acompanhamento psicológico, um deles respondeu:

> Acho importante ter um psicólogo mediando nossos diálogos aqui no Seminário, acho que ajuda na convivência, ajuda a evitar algumas discussões verbais que aconteciam devido às dificuldades de convívio. Temos também a possibilidade de um acompanhamento individual. O que ajuda também, porque quem tiver algum conflito interno pode desabafar (idem, 66).

São expressões que fornecem dados significativos de confirmação do impacto positivo do serviço da psicoterapia na caminhada de integração dos que se encontram em formação.

> Contemporaneamente, a Igreja possui boas relações com a psicologia. E a utilizam nos Seminários como método de equilibrar aspirações individuais com as reais demandas institucionais (idem, 85).

Mais adiante, o autor prossegue:

> [...] a psicologia utilizada pelo Seminário atualmente, funciona como um meio, como um mecanismo de inclusão e agregação. Em grupo, os seminaristas podem se expressar e dialogar sobre a experiência que estão vivendo (idem, 85).

Numa discussão de confronto com os resultados coletados na pesquisa deste trabalho, há claramente uma confluência de opiniões entre os formandos, pois os percentuais colhidos trazem consigo uma consoante aprovação da psicoterapia como instrumento viável e assertivo na ajuda do desenvolvimento humano. Nos três gráficos da seção 2 de respostas dos formandos, foram evidenciados resultados que confirmaram a aprovação supracitada. No gráfico 6, sobre a forma pela qual o psicólogo pode atuar nos institutos de formação, de 122 pesquisados, 114 (93,4%) apontaram para a psicoterapia como o meio preferido. Em outra questão, em que foi perguntado sobre tipo de serviço já usufruído, 49 confirmaram terem vivenciado o trabalho em psicoterapia (gráfico 7 da segunda seção). E no gráfico 11 (seção 2), 100 formandos de 122 respostas, resultando num percentual de 82%, registraram a psicoterapia como suporte psicológico necessário, e que gostaria de ter atualmente.

Além dos serviços psicológicos de avaliação e psicoterapia, foi evidenciado também nas respostas da pesquisa o serviço de promoção dos estudos teóricos dos temas associados à ciência da psicologia que se referem ao desenvolvimento humano, como relações interpessoais, maturidade psicológica, sexualidade, entre outros. Trata-se da atuação do psicólogo como agente de assessoria com aulas, cursos, palestras e outros meios pelos quais é favorecida a transmissão de conteúdos. É possível constatar esta afirmativa com os resultados apresentados, tanto pelos formadores como pelos estudantes. Nas respostas relacionadas à forma pela qual o psicólogo pode atuar nos institutos de formação, para os formadores (gráfico 7), 92,9% sinalizaram os cursos e palestras, e para os formandos (gráfico 6), 107 também apontaram esse tipo de serviço, somando um percentual de 87,7%. Quanto ao tipo de serviço já utilizado no trabalho como formador, 26 (92,9%) responderam que já utilizaram a formação teórica com o profissional da psicologia (gráfico 8), enquanto 79,5% dos formandos (gráfico 7), ou seja, 97 de 122 já usufruíram deste serviço. No gráfico 12 da seção dos formadores, ao responderem sobre o suporte psicológico necessário para oferecer na formação, e que gostariam de ter atualmente na sua Instituição, 25 (98,3%), dos 28, assinalaram a opção do trabalho com capacitação de conteúdos. Por fim, na pergunta final da pesquisa que especula sobre o suporte de que gostaria de usufruir para si mesmo atualmente, na seção 1 dos formadores, gráfico 13, foi atingido um percentual de 85,7%, e, para os que estavam se formando, 63,1%, numa relação de 77 respostas num universo de 122 pessoas.

Os números anteriores revelaram quão significativa é a valorização dispensada, tanto pelos religiosos responsáveis pela formação quanto pelos formandos ao serviço profissional psicológico educativo, com estudos de temas relacionados à compreensão das condições psíquicas da pessoa. Ainda assim, houve comentários que questionaram a ausência dessa formação para os formadores em suas instituições, colocando em risco um trabalho de maior qualidade de assistência no acompanhamento. Como exemplo, segue este registro coletado na pesquisa em que um formador descreve que "muitos formadores não tem [sic] uma formação para compreender e trabalhar com determinados casos que aparecem na formação". É uma problematização levantada no trabalho de pesquisa de campo de Benelli (2003), dentro de um seminário de filosofia do interior de São Paulo, que nas entrevistas com os membros da equipe de formação e com os seminaristas, concluiu que não existe um projeto de formação que inclua um trabalho com profissionais técnicos de apoio, como os da psicologia, tampouco um programa pedagógico para as disciplinas do curso regular de Filosofia. O que existe, segundo a pesquisa do autor, é apenas um Regimento Interno formulado há muito tempo, o que gera uma assertiva exposta por Benelli de que se não existe um plano programático bem articulado, sobressai "um que funciona na prática, de modo empírico e automático, no qual prevalece a função normalizadora" (BENELLI, 2003, 363).

Barbosa (2008) adverte para os próprios testemunhos dos presbíteros entrevistados que realçaram a necessidade de uma capacitação antes, durante e permanente para o exercício adequado e comprometido com a responsabilidade de formação. Por se tratar de um tema fundamental para este trabalho, que ressalta o impacto da psicologia no processo formativo dos institutos católicos que lidam com preparação de padres e religiosos, vale a pena retomar a pesquisa desse autor, realizada com vários padres de diversas dioceses brasileiras sobre a formação presbiteral. Barbosa concluiu que nenhum dos formadores entrevistados realizou uma preparação sistemática para poder assumir tal função, assim como não existia em suas dioceses um projeto de formação ou que ainda estava em processo de elaboração. Alguns dos entrevistados afirmaram que a saída para as dificuldades que eles tinham que enfrentar seria com certeza uma boa e organizada preparação anterior. Um dos pesquisados narrou que tinha participado de um curso de um mês, bem como outros que disseram ter feito encontros de uma semana. Outros ainda registraram que a preparação consistiu apenas na mera leitura de alguns documentos oficiais da Igreja que tratavam sobre o processo formativo. O autor ainda esboça nos resultados da sua pesquisa as palavras de um dos formadores que insistiu na necessidade de um preparo prévio, vinculado a uma jornada permanente de estudos – isto é imprescindível para que não se "queime" ou "estrague" a vida dos formandos. Ainda na pesquisa deste autor, segue mais este testemunho, comentando sobre a falta de preparo impactando na rotatividade de formadores:

> Há muita rotatividade nos responsáveis pela a [sic] formação: vai um que não recebeu nenhuma formação, não aguenta, pede logo pra sair, entra outro, é o mesmo esquema. Acho que precisa ter esse processo de formação anterior do formador. O formador tem que se formar. Se você não se forma, como é que você vai formar os outros? (BARBOSA, 2008, 130)

Este mesmo padre assumiu que fez muitos seminaristas sofrerem pelo fato de não ter se preparado adequadamente, com condutas muito "radicais e extremas das quais hoje se envergonha" (idem, ibidem).

Neste capítulo das discussões dos resultados, não poderia ficar de fora o tema da demanda da formação a partir de estudos, cursos e palestras. Tanto que neste projeto foi dedicado um subitem ao tema "O psicólogo no trabalho de formação humana na perspectiva educacional, através de cursos e palestras" e um capítulo exclusivo intitulado "A formação dos formadores". O trabalho educativo exercido pelo profissional psicólogo tem um efeito preventivo no trabalho formativo das casas de formação, tanto para os formadores obterem um preparo formal e mais robusto quanto para os formandos serem capacitados para lidarem de forma integradora com suas questões de desenvolvimento e boa administração das suas dificuldades humanas.

Prada Ramirez (2013) propõe para as dioceses e instituições formativas um "Programa formativo para os formadores", afirmando que não basta ser formado já padre ou religioso professo para ser formador capacitado, mas que é fundamental uma preparação a altura da responsabilidade dessa missão. A seguir, alguns dos pontos deste programa que ajudam a sublinhar a condição insubstituível de um trabalho de formação para os formadores:

- Conhecimento dos documentos da Igreja da instituição, para que se abstenha de uma formação a partir das próprias intuições pessoais. "O modo em que a Igreja se compreende a si mesma influi de maneira significativa no modelo formativo que se utiliza" (PRADA RAMIREZ, 2013, 296).

- Entendimento dos critérios de "maturidade humana, cristã, sacerdotal e religiosa que indicam a passagem de uma etapa de formação para outra" (idem, ibidem), a fim de que haja um acompanhamento ajustado do estudante em seu processo vocacional.

- Autoconhecimento sobre o percurso individual de formação e crescimento, no intuito de agregar o seu desenvolvimento com "os objetivos, políticas e estratégias que a equipe formadora fixou na formação dos formandos" (idem, ibidem).

- Humildade e sabedoria para "começar a formação aprendendo dos outros", para que, antes de assumir o compromisso de uma casa formativa, possa se nutrir com cursos preparatórios, além de vivenciar experiências de formação com a orientação de outros formadores mais experimentados.

- Conhecimento das ciências humanas da psicologia e pedagogia, focando em conteúdos de "psicologia da personalidade, do desenvolvimento humano e da psicopatologia e conheça, em concreto, a metodologia pedagógica, isto é, como unir os princípios teóricos com a prática formativa".
- Habilitação dos processos específicos da função, como a condução de uma comunicação formativa no atendimento individual, preservando o foco no discernimento vocacional, mediada pela direção espiritual.

Como linhas conclusivas deste capítulo sobre as discussões dos dados coletados, é importante acenar para as limitações de alcance da pesquisa, com o objetivo principal de definir com clareza e transparência quais foram os pontos que poderiam ter sido mais bem explorados. Desta maneira, ficam evidenciados elementos a serem melhorados em pesquisas futuras, que venham a se valer deste projeto como consulta e suporte. Foram três limitações a serem destacadas nesta pesquisa. A primeira esteve associada à baixa quantidade de formadoras e formandas mulheres na composição do público envolvido, devido à minha facilidade em ter maior número de contatos com instituições masculinas. Este fato empobreceu, assim, a possibilidade de análise e discussão sobre a formação levando em consideração as diferenças entre os sexos. A segunda limitação foi a falta de atendimento a dois objetivos específicos que não foram contemplados no questionário da pesquisa. Um deles foi o de identificar o posicionamento oficial da Igreja Católica em defesa do trabalho de formação humana e do uso da ciência da psicologia como suporte nos institutos formativos religiosos. O outro que não foi incluído está relacionado à contribuição da psicologia nas comunidades que absorvem os serviços pastorais dos que estão em formação, assim como os impactos nos espaços acadêmicos para que haja um questionamento sobre abranger a formação de futuros psicólogos e psicólogas para esta e outras áreas afins de atuação psicossocial. Esta falha se deu pela preocupação na formatação de um instrumento de pesquisa que não fosse muito extenso, podendo desmotivar o pesquisando para a participação. Por outro lado, tal cuidado reduziu o alcance de enriquecer o conteúdo deste trabalho com assuntos fundamentais para o tema que é a relação dos serviços psicológicos prestados na formação e sua associação com os documentos da Igreja, além do impacto de tais serviços nas realidades sociais e acadêmicas. Finalmente, a terceira limitação se deu pela reduzida fonte de confrontação para as discussões de resultados neste capítulo, pela dificuldade em encontrar mais literatura com pesquisas que tivessem maior aproximação com o tema em questão. A consequência para esta pesquisa foi a de não conseguir ter realizado discussões com conteúdos mais interligados e atualizados, até porque o material identificado e utilizado para este fim é de períodos um pouco mais distantes.

Entretanto, nenhuma das limitações supracitadas foram impedimento para a segurança em concluir este capítulo sobre as discussões dos resultados como uma produção que alcançou plenamente as suas aspirações como referencial empírico. Nesse sentido, a forma para conclusão desta etapa é sinalizar as perspectivas que esta pesquisa abre para outros trabalhos, como a de servir de fundamentação para confecção de programas organizacionais formativos nas dioceses e instituições religiosas, nos quais estejam contemplados os instrumentais da psicologia como suporte complementar da formação geral. Associada a essa perspectiva anterior, oxalá este trabalho promova, renove e/ou reforce a consciência e sensibilidade de autoridades eclesiais, sacerdotes e religiosos formadores, como inclusive dos que ainda se encontram em formação, para a compreensão e compromisso com a qualificação de todo processo formativo, admitindo os serviços psicológicos e a atuação técnica do psicólogo como elementos parceiros nesta trajetória de formar e ser formado. Por fim, ainda no vislumbre de como este trabalho pode impactar outras ações, há a expectativa, inclusive como parte de um dos objetivos específicos deste projeto, de que as bases teóricas e os resultados da pesquisa sirvam de questionamento às realidades acadêmicas para a formação dos novos psicólogos, dirigida também para os contextos como os das instituições formativas religiosas e outras áreas afins de atuação psicossocial.

Um dos jovens formandos participantes desta pesquisa declarou: "Por isso a psicologia tem papel fundamental no processo formativo, pois ajudará ainda mais no desenvolvimento humano e espiritual do candidato". Tomo de empréstimo esse testemunho para concluir este capítulo, pela força representativa com que resume os dados coletados e analisados como confirmadores da mediação impactante que é o serviço psicológico no contexto da formação.

> No contexto do processo formativo, a assessoria psicológica tem por objetivo básico ser ajuda para o trabalho dos formadores e para o processo de amadurecimento integral do formando, a fim de melhor acertar na confecção do projeto vocacional, pois, quanto mais amplo o conhecimento, melhor a possibilidade de assertividade. É importante ter clara essa participação instrumental da psicologia no processo formativo (FRANCILEUDO, 2020, 6-7).

Conclusões

> Navegadores antigos tinham uma frase gloriosa: "Navegar é preciso; viver não é preciso".
> Quero para mim o espírito [d]esta frase, transformada a forma para a casar como eu sou: Viver não é necessário; o que é necessário é criar.
> Não conto gozar a minha vida; nem em gozá-la penso. Só quero torná-la grande, ainda que para isso tenha de ser o meu corpo e a (minha alma) a lenha desse fogo. Só quero torná-la de toda a humanidade; ainda que para isso tenha de a perder como minha.
> Cada vez mais assim penso. Cada vez mais ponho da essência anímica do meu sangue o propósito impessoal de engrandecer a pátria e contribuir para a evolução da humanidade.
> É a forma que em mim tomou o misticismo da nossa Raça.
> (PESSOA, 2005)

Como arremate deste livro, passo a utilizar uma analogia da realização deste trabalho com uma travessia de barco, por se tratar de uma tarefa que sempre tem como objetivo o ideal movido pelo esforço de sair do seu lugar de origem para conquistar um novo chão. Para muitos navegadores é imprescindível ter bem definido o lugar de chegada e, nesta definição, a razão para a viagem. Para outros navegadores, o sítio para onde se destina a viagem não importa mais do que a vontade de navegar e, nessa vontade, se desenha o motivo da opção por viajar. No meu caso, a vontade e o lugar de chegada compõem harmonicamente o sentido pelo qual foi realizada esta viagem, representada pela consecução desta obra, coroado pela edição desta minha jornada.

E o barco para a realização desta viagem? Eis uma questão fácil de responder, pois o barco já está pronto e vem sendo construído há muito tempo com toda minha trajetória pessoal. Este barco, que é o patrimônio afetivo, intelectual e experiencial, foi sendo desenvolvido desde a minha experiência religiosa inserido na Igreja Católica, no grupo de jovens Girassol, na arquidiocese de Olinda e Recife, dos meus 14 aos 21 anos, e depois como membro da Companhia de Jesus (Ordem dos Jesuítas), entre os meus 21 e 27 anos de vida, somado a todo percurso de formação e experiência profissional dentro da psicologia. É esta relação da psicologia com a experiência religiosa, assim como toda a vivência profissional, que coincide, até o período desta publicação, com o mesmo tempo de 33 anos no trabalho ligado às instituições católicas, proporcionando assim as condições favoráveis de segurança e motivação para garantir o meu barco para esta viagem. Esta mesma experiência desencadeia o motivo para a realização desta viagem, ou seja, como já citado, a vontade e o lugar de chegada. A vontade foi construir um referencial teórico sobre a importância do uso dos instrumentais da psicologia no trabalho formativo dos futuros sacerdotes e religiosos da Igreja Católica. O lugar de chegada foi a realização pessoal e profissional com a publicação deste livro e contribuir para com todos envolvidos no processo formativo das casas de formação – formadores, formandos e profissionais – bem como com os profissionais e estudantes da saúde psíquica e o público em geral interessado neste universo e em temas relacionados à psicologia da experiência religiosa.

A primeira e mais importante conclusão apresentada é a de que o objetivo principal deste trabalho foi contemplado. Neste final da navegação, foi possível demonstrar a importância da psicologia e da atuação do psicólogo como instrumentais de suporte no trabalho de formação humana às instituições da Igreja Católica no Brasil que preparam religiosos (irmãos e irmãs) e sacerdotes. Para tanto, foi imprescindível uma rota alinhada por cinco metas específicas que são caracterizadas como fundamento para melhor vislumbrar o objetivo maior e principal. O primeiro desses objetivos particulares foi pesquisar e registrar a posição oficial Igreja Católica em relação à necessidade de formação humana nas suas instituições formativas para o presbiterado e para vida consagrada, tendo como parceiras a ciência da psicologia e a atuação dos seus profissionais. Outro alvo importante alcançado foi demonstrar, a partir do ponto de vista da própria psicologia, os meios disponíveis nesta disciplina que podem ser utilizados como valiosos instrumentos nas casas de formação, como a avaliação psicológica e a psicoterapia. Além disso, ainda há que se considerar a viabilidade da psicologia na perspectiva educativa, transferindo conhecimento tanto para os formandos quanto para os formadores. Um terceiro objetivo específico vislumbrado, que também contribuiu na consecução do objetivo geral, foi assegurar a viabilidade necessária de assessoria psicológica aos responsáveis pelo trabalho formativo, tanto com capacitação teórica quanto com consultoria. Ainda na identificação de mais um alvo atingido com sucesso, vale sublinhar o estudo de identificação da realidade das instituições religiosas da Igreja com as suas propostas, realizações e limitações para o trabalho de capacitação dos religiosos e padres convocados para a missão de serem formadores. Como quinto e último objetivo atingido, foi possível concluir este trabalho destacando os impactos positivos de uma devida formação humana aos jovens formandos, com o suporte da psicologia, no serviço aos meios sociais nos quais são inseridos. Assim como também foi importante apontar este trabalho como uma contribuição que possa impactar os espaços acadêmicos no intuito de ampliar as possibilidades na formação de futuros psicólogos e psicólogas para esta e outras áreas afins de atuação em realidades psicossociais, ampliando, assim, o campo de intervenção da psicologia.

A coleta de dados realizada com a pesquisa de campo junto a 122 formandos, que se prepararam para a vida religiosa e sacerdotal, e 28 formadores de várias instituições formativas no Brasil, totalizando um público de 150 pessoas envolvidas, foi satisfatória para a comprovação dos principais objetivos obtidos. Os resultados reunidos, analisados e discutidos, asseguraram condições suficientes para validação das questões levantadas em todo o desenvolvimento deste livro, conectadas com os objetivos estabelecidos pelo projeto. Efeitos foram constatados através dos números levantados, ao expressarem quão significativo é o impacto positivo da psicologia no processo formativo dentro dos institutos que preparam os futuros sacerdotes e religiosos na Igreja Católica. As palavras de um dos formadores representam e reforçam a assertiva contida no objetivo geral deste projeto que, ao se referir ao impacto da psicologia na formação, descrevem que "dada a complexidade da pessoa humana, nem sempre o formador consegue atender todas as demandas e exigências do processo formativo, por isso, a participação do profissional da psicologia se torna um auxílio indispensável neste mesmo processo". Da mesma maneira, a título de ilustração que endossa ainda mais a convicção da importância da psicologia na jornada formativa, um dos formandos afirmou que "a psicologia pode contribuir no processo formativo, dando ao formando uma série de ferramentas para o desenvolvimento da maturação psíquica".

Foram conclusões que asseguram a ideia central deste livro, que é afiançar a presença saudável da psicologia na vida religiosa e sacerdotal, na promoção de recursos que viabilizam a formação integral do indivíduo no processo de formação. Os autores de Carvalho e Frezzato, na obra *Padre diocesano: a alegria de amar servindo e servir amando*, afirmam que "a formação da pessoa é sempre um processo que visa à maturidade humana" (FREZZATO, 2022, 11), e que a via a ser percorrida do desenvolvimento da maturidade abarca o conhecimento da personalidade, dos sentimentos, das emoções, da visão de mundo e do modo de se relacionar consigo mesmo. Seguem os autores sinalizando que a procura pela formação integral é permanente, em que o formando deve estar em constante movimento de "crescimento de sua maturidade e de níveis aceitáveis de equilíbrio psíquico" (idem, ibidem).

Em valioso artigo citado anteriormente neste livro, Frezzato e Pinto (2016), ao abordar o tema do psicólogo como colaborador da formação presbiteral, descrevem que, mesmo existindo hoje muitos profissionais da psicologia atuando nesta área, muitos claudicam em relação à clareza desse trabalho. Isto se deve ao fato de que muitos desses profissionais desconhecem os detalhes específicos da formação religiosa ou porque, ainda que informados, acabam realizando sua tarefa de modo desconectado com a proposição das instituições formativas. No mesmo artigo publicado pelo Conselho Regional de Psicologia do Estado de São Paulo, é registrada pelos autores a preocupação inquietante de que ainda são áridos os estudos que se destinam a orientar formador, formando e psicólogo sobre a colaboração da psicologia para a formação dos futuros religiosos da Igreja no Brasil. Como grifo pessoal, na mesma direção de aridez, são escassas também as ofertas de capacitação técnica por parte dos centros acadêmicos responsáveis pela formação dos novos psicólogos, assim como de especializações com os temas voltados para a formação religiosa, para bem lidar com os fenômenos da espiritualidade e da experiência religiosa.

Com o intento de assegurar uma presença saudável da psicologia, como suporte adequado no discernimento e formação dos formandos, é imprescindível atentar que a jornada vocacional para a vida religiosa se associa intrinsecamente à experiência com o transcendente, e assim torna-se alvo do estudo teológico e do acompanhamento espiritual daqueles que se preparam para esta missão. Santos (2020) acena para o fato de que os profissionais do comportamento humano precisam ter cautela para bem administrar a importância do desenvolvimento espiritual e pessoal, quando "estes apresentam uma inclinação para a vivência espiritual. Por isso, o tratamento analítico da alma é de responsabilidade daquele que ministra a prática da direção espiritual ou o sacramento da confissão" (SANTOS, 2020, 8). O profissional da psicologia, segundo Frezzato e Pinto (2016), sem condições de afirmar ou negar a vocação com sua experiência espiritual e religiosa, deverá focar na compreensão e nos esclarecimentos das dificuldades e potencialidades do indivíduo, a partir dos instrumentais psicológicos disponíveis e credenciados pela comunidade psicológica. Os autores destacam a ferramenta da escuta psicológica, por exemplo, como uma via eficaz e necessária na ajuda formativa, diagnóstica e terapêutica. A Resolução CFP 010/2010, mesmo não abordando diretamente esse tipo de atuação, pode servir para demonstrar quão valioso instrumento está ao alcance do psicólogo para seu modo de proceder na realidade da formação religiosa. A resolução afirma que "a escuta deve ter como princípio a intersetorialidade e interdisciplinaridade, respeitando a autonomia da atuação do psicólogo" (CFP 010/2010, considerações iniciais). Desta feita, conforme essa resolução, um dos parâmetros fundamentais pelo qual deve se pautar o psicólogo é o da "integralidade", que avaliza a "autonomia teórica, técnica e metodológica, de acordo com os princípios ético-políticos que norteiam a profissão" (idem, Cap. I.5). E mais, assegura a mesma resolução, que a escuta é gerada na oferta de um espaço e tempo para a expressão das demandas e desejos de quem é atendido, com especial atenção para "a fala, a produção lúdica, o silêncio e expressões não verbais, entre outros" (idem, Cap. II).

Toda esta jornada de estudos, pesquisa e reflexões serviu para sacramentar meu comprometimento profissional em expandir cada vez mais a ciência da psicologia, da qual me sinto representante, para a prestação de um serviço que considera e valoriza a espiritualidade e a experiência religiosa, seja no chão dos seminários e casas de formação, seja na clínica com avaliações psicológicas e psicoterapias, seja em comunidades e outros meios psicossociais. Por outro lado, movido pela minha vivência pessoal da espiritualidade e experiência religiosa, esta obra (literária e de vida) me conduziu a compreender com muito mais sentido e amplidão que, quanto mais conheço a mim mesmo, mais qualifico a minha relação com o Sagrado. A complementaridade entre a realidade interna da espiritualidade e a movimentação das condições psicológicas precisa ser considerada por ambas dimensões, numa aliança que favoreça o saudável desenvolvimento e crescimento do indivíduo. No livro *Terapeutas do deserto*, Jean-Yves Leloup, teólogo, filósofo, terapeuta transpessoal e padre da Igreja Ortodoxa, se expressa de forma assertiva ao endossar essa mesma ideia de que "não é preciso opor o conhecimento de si mesmo que a psicologia propõe e o conhecimento de si mesmo que a espiritualidade propõe. Porque uma psicologia que não se abre a um itinerário espiritual arrisca-se a nos enclausurar e mesmo a nos desesperar" (BOFF; LELOUP, 1997, 26). É a isso que se propõe este trabalho: disponibilizar os recursos que a psicologia pode ofertar para alimentar a maturidade psíquica dos formandos e formadores, acolhendo todas as demandas que compõem as vivências espirituais e religiosas deste público-alvo. Na mesma direção da maturidade, os trajetos incorporados à relação com o transcendente não podem excluir a necessária saúde psicológica para que sejam alcançadas as metas vocacionais de uma tão desejada realização de escolha de vida. O ser que almeja a completude do sentido da sua existência em comunhão com o divino não pode abandonar o conhecimento e integração da sua humanidade, caso contrário a ação do transcendente não encontra terra (pessoa) para dar frutos. Algo ainda pior ainda pode acontecer, que é o indivíduo, esvaziado da consciência da sua humanidade, movido somente pela dimensão espiritual, cegar para a compreensão da própria história, ignorar a si mesmo, para incorporar a identidade de Deus – fuga da sua essência humana e compensação dos seus condicionamentos.

> Uma psicologia fechada em si mesma, dependente de uma antropologia limitada, não aberta à transcendência, não aberta ao desconhecido que habita a profundeza do ser humano e a profundeza do ser cósmico, pode algumas vezes conduzir a impasses. Mas os itinerários espirituais sem discernimento psicológico, sem um trabalho de transformação pessoal, têm o risco de conduzir à megalomania. Nós nos tomamos por Deus, investidos de toda espécie de missões (BOFF; LELOUP, 1997, 6).

Ao final do curso de toda pesquisa realizada, a navegação com os trabalhos de diversos autores teve a serventia de suporte, por suas referências bibliográficas, para concretização das possibilidades de respostas às questões levantadas sobre a importância da presença da psicologia nas instituições formativas como instrumental de apoio. Trabalhos considerados verdadeira bússola neste percurso de navegação foram os documentos oficiais da Igreja Católica: *Pastores Dabo Vobis*, de 1992, do papa João Paulo II; o documento 55 da CNBB denominado *Diretrizes básicas de formação dos presbíteros da Igreja no Brasil*, lançado em 1995; a *Ratio Fundamentalis Institutionis Sacerdotalis – o dom da vocação presbiteral*, de 2017 e o documento 110 da CNBB chamado *Diretrizes para a formação dos presbíteros da Igreja no Brasil*. Vale ressaltar também, entre muitos outros trabalhos, alguns escritos de Jung, dos quais merece destaque *Psicologia e religião* (2011), assim como a contribuição de Valle (1998) sobre a psicologia da religião. Destacam-se, ainda, os trabalhos de Aletti (2008), Pinto (2013) e Barbosa (2008) sobre o atendimento em psicoterapia a seminaristas, bem como o estudo sobre o discernimento vocacional em autores como Bolfe (2020) e Chagas, Rabelo e Rabelo (2015). Importante citar também as pesquisas sobre a cooperação entre psicólogos e formadores nos trabalhos de Frezzato (2018), Pereira e Reinoso (2017), Prada Ramirez (2013), Pinto (2016), Souza Neto (2015), Rossi (2011), Benelli (2003) e Barbosa (2008), e sobre as diferenças e semelhanças entre direção espiritual e atendimento psicológico nos escritos de Jung (1988), Santos (2020), Massih (2014) e Francileudo (2021).

Por fim, posso afirmar que hoje sou um navegador realizado por conquistar mais este novo lugar de chegada, cheio de entusiasmo para atracar em novos portos, em novas terras. Há uma nítida percepção que esta terra de chegada tem em si um continente pavimentado para novas partidas, novas navegações, um novo rumo a ser conquistado. Esperando-se que esta publicação sirva de inspiração para novas pesquisas nesse campo de estudo, assim como de suporte para aqueles envolvidos na missão formativa, tanto entre os formadores quanto entre os profissionais da psicologia atuantes ou pretensos em lidar com esse tipo de trabalho. São perspectivas que este trabalho navegado abre para outras navegações, como as dos bispos, superiores, formadores e formandos, que, no contato com os conteúdos aqui inseridos, sejam movidos pelos ventos da consciência que mobiliza a conduta de seguir o rumo de uma viagem formativa de crescimento, aliançados com o serviço complementar oferecido pela ciência da psicologia. Enfim, outro destino a que este estudo hoje me impulsiona é rumo ao aprofundamento desses mesmos conteúdos através de novas jornadas, como o doutorado e as novas publicações, com renovadas hipóteses a serem confirmadas e com pesquisas de campo a sedimentarem novos trabalhos, novas partidas e novas navegações. Sempre em direção a novas conquistas, a novas e infinitas criações! Porque navegar é preciso, sim, assim como viver... Mas, como bem diz o poeta Fernando Pessoa, "o que é necessário é criar", e, assim, continuar a navegar. Enfim, faço da inspiração deste lusitano num trecho de um dos seus poemas as minhas últimas palavras deste trabalho, ou melhor, desta navegação: "Navegadores antigos tinham uma frase gloriosa: 'Navegar é preciso; viver não é preciso'. Quero para mim o espírito desta frase, transformada a forma para a casar como eu sou: Viver não é necessário; o que é necessário é criar".

Referências

ALETTI, M. Atendimento psicológico e direção espiritual: semelhanças, diferenças, integrações e... confusões. *Psicologia: Teoria e Pesquisa*, v. 24, n. 1, 2008, 117-126.

ALMEIDA, D. B. Seminário: Projeto Educativo. In: *Estudos da CNBB. Metodogia do Processo Formativo*, n. 83, São Paulo: Paulus, 2001.

AS, C. E., & APOSTÓLICA, S. D. V. Orientações sobre a formação nos Institutos Religiosos. Acesso em: 16 mar. 2023. Disponível em: <https://www.vatican.va/roman_curia/congregations/ccscrlife/documents/rc_con_ccscrlife_doc_02021990_directives-on-formation_po.html>.

AMATUZZI, M. M. *Psicologia e espiritualidade*. São Paulo: Paulus, 2005.

AQUINO, S. T. *Suma teológica*. São Paulo: Edições Loyola, 2001.

AQUINO, T. A. A. D. et al. Atitude religiosa e sentido da vida: um estudo correlacional. *Psicologia: ciência e profissão*, v. 29, n. 2, 2009, 228-243.

ASSIS, R.; GODOY, J. B. A psicologia da religião como instrumento de integração do humano. *Caminhando*, v. 25, n. 3, 2020, 37-50.

BARBOSA, C. G. B. *Formação presbiteral na fala dos padres formadores: analisadores no processo preparatório ao sacerdócio católico*. Dissertação de mestrado. Belo Horizonte: Pontifícia Universidade Católica de Minas Gerais, 2008.

BAUNGART, T. D. A. A. *Grupo de crescimento psicológico na formação sacerdotal: pertinência e possibilidades*. Dissertação de mestrado. Campinas: Pontifícia Universidade Católica de Campinas, 2010.

BENELLI, S. J. *Pescadores de homens: a produção da subjetividade no contexto institucional de um seminário católico*. Dissertação de mestrado. Faculdade de Ciências e Letras da Universidade Estadual Paulista: Assis, 2003.

BOFF, L.; LELOUP, J. Y. *Terapeutas do deserto*. Petrópolis: Vozes, 1997.

BOLETÍN OFICIAL DEL ESTADO, 2009 núm. 146 sec. III., 51215. (Decreto do Estado Espanhol). Trad. Fundação Universitária Iberoamericana. Acesso em: 16 mar. 2023. Disponível em: <https://www.boe.es/boe/dias/2009/06/17/pdfs/BOE-A-2009-10107.pdf>.

BOLFE, F. L. *A dimensão humano afetiva do presbítero nos instrumentos preparatórios aos encontros nacionais de presbíteros (1985-2018)*. Dissertação de mestrado. Porto Alegre: Pontifícia Universidade Católica do Rio Grande do Sul, 2020.

BRASIL, Conselho Federal de Psicologia (CFP) – Código de Ética Profissional dos Psicólogos – Resolução 10/2005.

_____, Conselho Federal de Psicologia (CFP) – Resolução 10/2009.

_____, Conselho Federal de Psicologia (CFP) – Resolução 10/2010.

_____, Conselho Federal de Psicologia (CFP) – Súmula de Processos Éticos Julgados entre 2002 e 2004 pelo XII Plenário. Brasília: 2004.

_____, Conselho Federal de Psicologia (CFP) – Caderno de Deliberações do VIII Congresso Nacional da Psicologia. Brasília: 2013.

Referências

CABECINHAS, C. M. P. *Acompanhamento pessoal de jovens consagrados: contributo para o acompanhante*. Dissertação de mestrado. Universidade Católica Portuguesa, 2015.

CAMBUY, K.; AMATUZZI, M. M. Grupo de reflexão com profissionais do Programa Saúde da Família. *Psicologia em Estudo*, v. 13, n. 3, 2008, 613-618.

CARNEIRO, F. E. *Aspectos humano-afetivos na formação presbiteral dos seminaristas de teologia da Arquidiocese de Fortaleza*. Monografia de conclusão do curso de bacharelado em Teologia. Faculdade Católica de Fortaleza: Fortaleza, 2009.

CARVALHO, H. R.; FREZZATO, A. *Padre diocesano: a alegria de amar servindo e servir amando*. São Paulo: Paulus, 2022.

CASULLO, E. U.; Márquez, M. The Interview. *Encyclopedia of Psychological Assessment*. Londres: Sage, 2003.

CENCINI, A. *A árvore da vida: proposta de modelo de formação inicial e permanente*. São Paulo: Paulus, 2011.

_____. *A hora de Deus: a crise na vida cristã*. São Paulo: Paulus, 2011.

_____. CRB Paraná 2017 - Conferência I. (2017). Acesso em: 27 jul. 2017. Disponível em: <https://www.youtube.com/watch?v=AxNFRQXbE6k>.

_____; MANENTI, A. *Psicologia e formação: estruturas e dinamismos*. São Paulo: Paulinas, 2019.

CHAGAS, A. M.; RABELO, B. O. Desdobramentos das sugestões do magistério para a formação dos candidatos ao sacerdócio à luz da *Pastores Dabo Vobis*. *Revista Expressão Católica*, v. 4, n. 1, jun. 2015, 41-50.

CHEMIN, J. B. *O perfil do educador na formação dos futuros presbíteros no paradigma da complexidade*. Dissertação de mestrado. Curitiba: Pontifícia Universidade Católica do Paraná, 2011.

COLOMBERO, G. *Vida religiosa: da convivência à fraternidade*. São Paulo: Paulus, 2007.

CONFERÊNCIA NACIONAL DOS BISPOS DO BRASIL (CNBB). *Diretrizes Básicas da Formação dos Presbíteros da Igreja no Brasil (Documento 55)*. São Paulo: Paulinas, 1995.

_____. *Diretrizes para a Formação dos Presbíteros da Igreja no Brasil (Documento 110)*. Brasília: Documentos da CNBB, 2018.

_____. *Diretrizes para a formação dos presbíteros da Igreja no Brasil (Documento 93)*. São Paulo: Paulinas, 2010.

_____. *Escola nacional de formadores Jesus Bom Pastor*. Aparecida: 53ª Assembleia Geral da CNBB, 15-24 abr. 2015.

CONGREGAÇÃO, P. A. E. C. *Orientações para a utilização das competências psicológicas na admissão e na formação dos candidatos ao sacerdócio*. Cidade do Vaticano: L'Osservatore Romano, 2008.

CONGREGAÇÃO PARA O CLERO. *Diretório para o ministério e a vida dos presbíteros*. Cidade do Vaticano: L'Osservatore Romano, 82, 2013. Acesso em: 16 mar. 2023. Disponível em: <https://www.vatican.va/roman_curia/congregations/cclergy/documents/rc_con_cclergy_doc_20130211_direttorio-presbiteri_po.html>.

_____. *Ratio Fundamentalis Institutionis Sacerdotalis. O dom da vocação presbiteral*. Cidade do Vaticano: L'Osservatore Romano, 44, 2017. Acesso em: 16 mar. 2023. Disponível em: <http://www.clerus.va/content/dam/clerus/Ratio%20Fundamentalis/O%20Dom%20da%20Voca%C3%A7ao%20Presbiteral.pdf>.

CONSELHO PONTIFÍCIO PARA A FAMÍLIA. *Sexualidade humana: verdade e significado. Orientações educativas em família*, n. 10, Cidade do Vaticano, 08 de dezembro de 1995. Disponível em: <https://www.vatican.va/roman_curia/pontifical_councils/family/documents/rc_pc_family_doc_08121995_human-sexuality_po.html>. Acesso em 17 abr. 2023.

CORAZZA, L. F. G. *Diálogos da psicologia analítica: espiritualidade na contemporaneidade*. Dissertação de mestrado. São Paulo: Pontifícia Universidade Católica de São Paulo, 2016.

CUNHA NASCIMENTO, A. K.; CALDAS, M. T. Dimensão espiritual e psicologia: a busca pela inteireza. *Revista da Abordagem Gestáltica*: Phenomenological Studies, 2020, v. 26, n. 1, 74-89.

EMÍDIO, T. S.; HASHIMOTO, F. Um estudo sobre o sofrimento psíquico do psicoterapeuta psicanalítico: reflexões acerca da clínica na contemporaneidade, in: ___ (org.). *A Psicologia e seus campos de atuação: demandas contemporâneas*. São Paulo: Cultura Acadêmica, 2013, 211-249.

FAMÍLIA, C. P. P. A. *Sexualidade humana: verdade e significado*. São Paulo: Paulinas, 1996.

FINN, S. *Pela perspectiva do cliente: teoria e técnica da avaliação terapêutica*. São Paulo: Hogrefe, 2017.

FLORES, A. C. O dom da vocação presbiteral: algumas considerações sobre o capítulo VI da nova *Ratio Fundamentalis Institutionis Sacerdotalis*. *Espaços – Revista de Teologia e Cultura*, v. 25, n. 1 e 2, 2019, 65-76.

FRANCILEUDO, F. A. *A psicologia na formação religiosa e presbiteral: a antropologia analítico-existencial de Viktor Frankl e o processo formativo*. Petrópolis: Vozes, 2021.

FRANCISCO, Papa. *Exortação apostólica Evangelii Gaudium. Sobre o anúncio do Evangelho no mundo atual*. São Paulo: Loyola, 2013.

FRANKL, V. E. *Em busca de sentido: um psicólogo no campo de concentração*. São Leopoldo: Sinodal, 1991.

FREZZATO, A.; PINTO, Ê. B. "O Psicólogo como colaborador da formação presbiteral católica: diálogos e silêncios". In: Conselho Regional de Psicologia de São Paulo (Org.), *Na fronteira da psicologia com os saberes tradicionais: práticas e técnicas*. São Paulo, v. 2, 2016, 101-110. Acesso em: 16 mar. 2023. Disponível em: <http://www.crpsp.org/fotos/pdf-2016-06-21-18-16-50.pdf>.

FREZZATO, A. Formação presbiteral: um diálogo interdisciplinar com a psicologia. *Revista Contemplação*, n. 17, 2018, 12-24.

GODOY, M. A dimensão humana do presbítero na América Latina: situação e desafios. *Revista Vida Pastoral*, n. 252, 2006, 9-20. Disponível em: <https://vidapastoral.org.br/categoria/autor/m/manoel-jose-de-godoy/>. Acesso em: 26 abr. 2023.

GOMES, N. S.; FARINA, M.; FORNO, C. D. Espiritualidade, religiosidade e religião: reflexão de conceitos em artigos psicológicos. *Revista de Psicologia da IMED*, v. 6, n. 2, 2014, 107-112.

HOCKENBURY, D. H.; HOCKENBURY, S. E. *Descobrindo a psicologia*. Barueri: Manole, 2003.

JOÃO PAULO II, Papa. *Exortação apostólica Pastores Dabo Vobis. Sobre a formação dos sacerdotes nas circunstâncias atuais.* São Paulo: Paulinas, 1992.

JUNG, C. G. *O eu e o inconsciente.* Petrópolis: Vozes, 1987.

_____. *Psicologia da religião ocidental e oriental.* Petrópolis: Vozes, 1988.

_____. *A prática da psicoterapia: contribuições ao problema da psicoterapia e à psicologia da transferência.* Petrópolis: Vozes, 2009.

_____. *Psicologia e religião.* Petrópolis: Vozes, 2011.

_____. *A prática da psicoterapia.* Petrópolis: Vozes, 2011.

_____. *Os arquétipos e o inconsciente coletivo.* Petrópolis: Vozes, 2012.

_____. *A vida simbólica: escritos diversos.* Petrópolis: Vozes, 2012.

_____. *Cartas de C. G. Jung (Vol. III, 1956-1961).* Petrópolis: Vozes, 2003.

LANGLE, A. *Viver com sentido.* Petrópolis: Vozes, 1992.

LIBARDI, T. A., Dimensão da maturidade à luz da logoterapia. *Teocomunicação*, Porto Alegre, v. 38, n. 159, 2008, 122-137.

LINS, M. R. C.; BORSA, J. C. *Avaliação psicológica: aspectos teóricos e práticos.* Petrópolis: Vozes, 2017.

LOYOLA, I. *Exercícios espirituais.* São Paulo: Loyola, 2000.

LUKOFF, D. Emergência espiritual e problemas espirituais. In: *Anais do 4º Congresso Internacional de Psicologia Transpessoal.* Cascais (Portugal), 2003.

MARASCA, A. R. et al. Avaliação psicológica online: considerações a partir da pandemia do novo coronavírus (COVID-19) para a prática e o ensino no contexto a distância. *Estudos de Psicologia* (Campinas), v. 37, 2020.

MARRONCLE, J. *O homem proibido: sobre a afetividade sacerdotal.* Petrópolis: Vozes, 1992.

MASSIH, E. A cooperação entre psicoterapeutas e formadores/as. *Espaços Revista de Teologia e Cultura*, v.22, n. 2, 2014, 163-178.

MENDES, V. H. O seminário e a questão educativa. Revista *Encontros Teológicos*, v. 17, n. 2, 2002, 275-303. Disponível em: <https://facasc.emnuvens.com.br/ret/article/view/1028/682>. Acesso em: 20 abr. 2023.

MERCÊS, G. D. S. *A confissão sacramental na Igreja Católica e o aconselhamento psicológico*. Dissertação de mestrado. São Paulo: Pontifícia Universidade Católica de São Paulo, 2012.

MICHENER, H. A. H.; DELAMATER, J. D.; MYERS, J. D. *Psicologia social*. São Paulo: Thomson, 2005

NORONHA, A. P. P.; ALCHIERI, J. C. Conhecimento em avaliação psicológica. *Estudos de psicologia*, Campinas, v. 21, n. 1, 2004, 43-52.

NOUWEN, H. J. M. *Intimidade: ensaios de psicologia pastoral*. Tradução de E. L. Ricci. São Paulo: Loyola, 2001.

OLIVEIRA, J. L. M. Desafios atuais para a formação eclesial. *Revista Encontros Teológicos*, v. 26, n. 3, 2011.

OLIVEIRA, M. F. D. *C. G. Jung: um homem religioso? Os sentidos da experiência religiosa em C. G. Jung*. Dissertação de mestrado. São Paulo: Pontifícia Universidade Católica de São Paulo, 2012.

OLIVEIRA, M. P. D. *Líderes religiosos cristãos e a formação em psicologia: os significados da busca pela formação em psicologia e seus efeitos na prática eclesiástica*. Dissertação de mestrado. São Paulo: Pontifícia Universidade Católica de São Paulo, 2010.

OLIVEIRA, M. R. D.; JUNGES, J. R. Saúde mental e espiritualidade/religiosidade: a visão de psicólogos. *Estudos de Psicologia* (Natal), v.17, n. 1, 2012, 469-476.

PAIVA, G. J. D. *Entre necessidade e desejo. Diálogos da psicologia com a religião*. São Paulo: Loyola, 2001.

PAPELES del psicólogo. *El perfil del psicólogo clínico y de la salud*, n. 69, 1998. Trad. Fundação Universitária Iberoamericaca. Acesso em: 16 mar. 2023, Disponível em: <https://www.papelesdelpsicologo.es/resumen?pii=1097>.

PEREIRA, W. C. C. *A formação religiosa em questão*. Petrópolis: Vozes, 2004.

PEREIRA, W. C. C.; REINOSO, A. *Vocações ao ministério ordenado da Igreja e à vida religiosa consagrada luz da Nova Ratio*. Medellín: Biblia, Teología y Pastoral para América Latina y El Caribe, 2017, 11-53.

PESSOA, F. *Obra poética*. Rio de Janeiro: Nova Aguilar, 2005.

PINTO, Ê. B. Formação e personalidade: Conceitos e orientações. *Revista Espaços*, v. 17, n. 1, 2009, 61-75.

_____. Espiritualidade e Religiosidade: Articulações. *REVER: Revista de Estudos da Religião*, ano 9, 2009, 68-83.

_____. Reflexões sobre a psicoterapia para pessoas de vida consagrada. *Revista Paróquias & Casas Religiosas*, Aparecida, ano 7, n. 40, 2013, 24-29.

_____. O sentido da psicologia para a vida consagrada: considerações. *Revista Vida Pastoral*, ano 57, n. 310, 2016.

PRADA RAMIREZ, J. *Psicologia e formação – a psicologia aplicada à formação sacerdotal e à vida consagrada*. Aparecida: Editora Santuário, 2013.

PSICOLOGIA de la Salud. Objetivos y competencias. Universidad de Granada. Acesso em: 16 mar. 2023. Disponível em: <https://masteres.ugr.es/petraugr/pages/master/objetivos_competencias>.

RICCIERI, P. Formação ao alcance de um clique: comunicação digital: desafios e oportunidades. São Paulo: Paulinas, 2012.

RIGONI, M. D. S.; SÁ, S. D. O processo psicodiagnóstico. In: O processo psicodiagnóstico. In Hutz, C. S., Bandeira; D. R. Trentini; C. M.; Krug, J. S. (eds.), Psicodiagnóstico, Porto Alegre: Artmed, 2016, 27-34.

ROSSI, C. *Fundamentos psicológicos para a formação religiosa*. Juiz de Fora: Editora Subiaco, 2011.

SAFFIOTTI, L. M. *Para além da crise (entrevista)*. Il Regno, Bologna, n. 2, 2004.

SANTOS, J. P. Vida religiosa e mulheres consagradas – Os caminhos da individuação feminina numa proposta Junguiana. *Revista Jung & Corpo*, ano XVII, n. 17, 2017.

DOS SANTOS, E. A. dos. *Religião e Individuação: fenomenologia do desenvolvimento humano através da direção espiritual*. Dissertação de mestrado em Psicologia. Universidade Católica de Goiás: Goiânia, 2006.

_____, *Experiência Religiosa*. Goiânia: Scala Editora, 2020.

SANTOS, M. S. et al. A importância da espiritualidade como construtora do processo de individuação. *Revista Pró-univerSUS*, v. 12, n. 1, 2021, 94-99.

SCHUMAKER, J. F. *Religion and Mental Health*. Oxford: Oxford University Press, 1994.

SILVA, A. L. R. *A aplicação do iter formativo da Nova Ratio no desenvolvimento da antropologia da vocação presbiteral.* Tese de doutorado. Rio de Janeiro: Pontifícia Universidade Católica do Rio de Janeiro, 2022.

RODRIGUES, I. Acompanhar os jovens na criação de um futuro promissor. *Itaici: revista de espiritualidade inaciana*, n. 121, 2020, 23-37.

SOUZA NETO, A. J. D. *"O bem maior que posso ter": uma análise antropológica sobre a vocação sacerdotal católica no Brasil.* Dissertação de mestrado. Universidade Federal de Pernambuco: Recife, 2015.

STROPPA, A.; MOREIRA-ALMEIDA, A. Religiosidade e saúde. In: SALGADO, M. I.; FREIRE, G. (org.). *Saúde e espiritualidade: uma nova visão da medicina.* Belo Horizonte: Inede, 2008, 427-443.

UNIVERSITAT de Barcelona. Máster de Psicología Clínica y de la Salud. Acesso em: 16 mar. 2023. Disponível em: <http//www.ub edu/web/ub/ca/index.html>.

VALLE, E. R. *Psicologia e experiência religiosa.* São Paulo: Edições Loyola, 1998.

VERGOTE, A. *Religion, foi, incroyance: étude psychologique.* Bruxelles: Editions Mardaga, 1983.

WISNIEWSKI, E. Os desafios morais de uma empreitada. *Formação presbiteral: desafios e perspectivas*, ano 60, n. 328, 2019, 3-12.

Edições Loyola

editoração impressão acabamento

Rua 1822 n° 341 – Ipiranga
04216-000 São Paulo, SP
T 55 11 3385 8500/8501, 2063 4275
www.loyola.com.br